U0937123

Zhongguo Wenhua Zhishi Duben

中国文化知识读本

主编 金开诚
编著 李青华

说文解字

吉林出版集团有限责任公司
吉林文史出版社

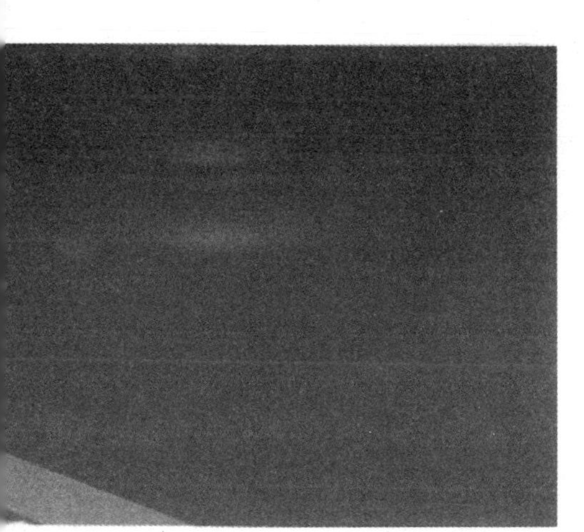

图书在版编目（CIP）数据

说文解字 / 李青华编著. -- 长春 : 吉林出版集团
有限责任公司 : 吉林文史出版社, 2009.12 (2023.4重印)
(中国文化知识读本)
ISBN 978-7-5463-1967-4

Ⅰ. ①说… Ⅱ. ①李… Ⅲ. ①说文 Ⅳ. ①H161

中国版本图书馆CIP数据核字(2009)第236947号

说文解字

SHUO WEN JIE ZI

主编/ 金开诚 编著/李青华
项目负责/崔博华 责任编辑/曹恒 于涉
责任校对/王文亮 装帧设计/曹恒
出版发行/吉林出版集团有限责任公司 吉林文史出版社
地址/长春市福祉大路5788号 邮编/130000
印刷/天津市天玺印务有限公司
版次/2009年12月第1版 印次/2023年4月第5次印刷
开本/660mm×915mm 1/16
印张/8 字数/30千
书号/ISBN 978-7-5463-1967-4
定价/34.80元

编委会

前 言

文化是一种社会现象，是人类物质文明和精神文明有机融合的产物；同时又是一种历史现象，是社会的历史沉积。当今世界，随着经济全球化进程的加快，人们也越来越重视本民族的文化。我们只有加强对本民族文化的继承和创新，才能更好地弘扬民族精神，增强民族凝聚力。历史经验告诉我们，任何一个民族要想屹立于世界民族之林，必须具有自尊、自信、自强的民族意识。文化是维系一个民族生存和发展的强大动力。一个民族的存在依赖文化，文化的解体就是一个民族的消亡。

随着我国综合国力的日益强大，广大民众对重塑民族自尊心和自豪感的愿望日益迫切。作为民族大家庭中的一员，将源远流长、博大精深的中国文化继承并传播给广大群众，特别是青年一代，是我们出版人义不容辞的责任。

本套丛书是由吉林文史出版社和吉林出版集团有限责任公司组织国内知名专家学者编写的一套旨在传播中华五千年优秀传统文化，提高全民文化修养的大型知识读本。该书在深入挖掘和整理中华优秀传统文化成果的同时，结合社会发展，注入了时代精神。书中优美生动的文字、简明通俗的语言、图文并茂的形式，把中国文化中的物态文化、制度文化、行为文化、精神文化等知识要点全面展示给读者。点点滴滴的文化知识仿佛颗颗繁星，组成了灿烂辉煌的中国文化的天穹。

希望本书能为弘扬中华五千年优秀传统文化、增强各民族团结、构建社会主义和谐社会尽一份绵薄之力，也坚信我们的中华民族一定能够早日实现伟大复兴！

目录

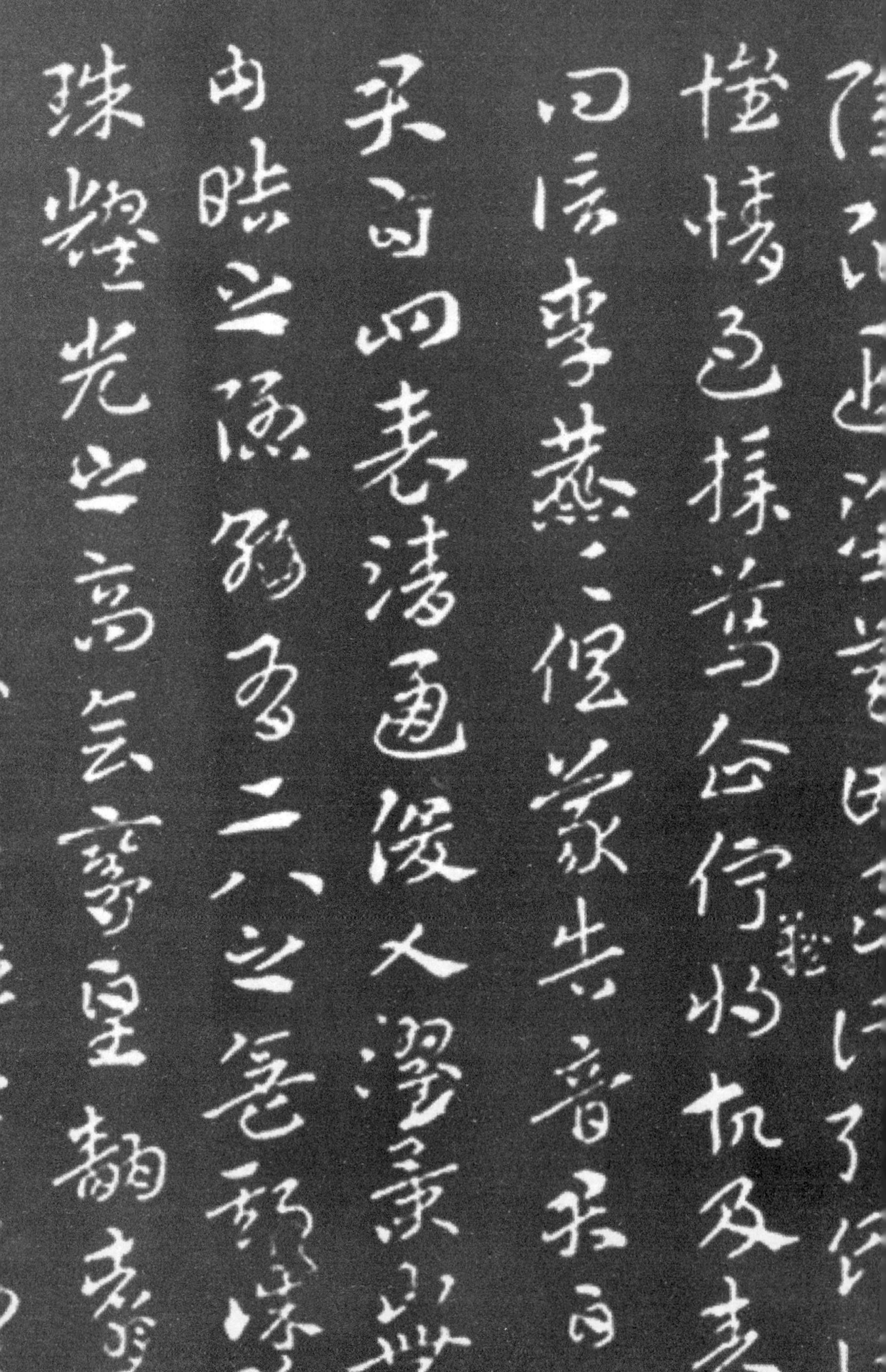

一、《说文解字》——我国第一部字典

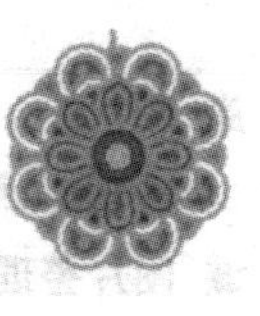

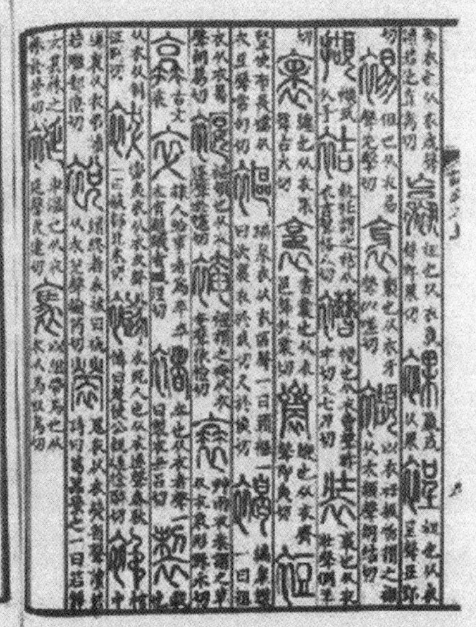

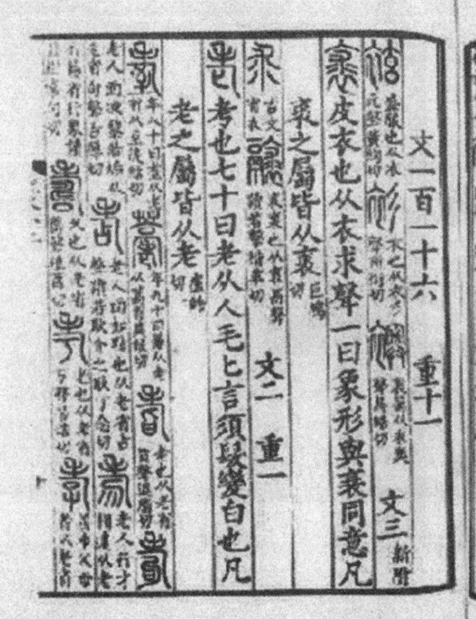

文一百一十六　重十一

皮衣也从衣求聲一曰象形與衰同意凡裘之屬皆从裘

文二　重一

考也七十曰老从人毛匕言須髮變白也凡老之屬皆从老

《说文解字》

《说文解字》是我国第一部按部首编排的字典，《说文解字》简称《说文》，作者为东汉的许慎。该书是中国第一部系统地分析汉字字形和考究字源的字书，也是到目前流传最广的中文必借工具书。此书在流传过程中屡经篡改，今本与原书颇有出入。本书首创的部首编排法，为后世字书所沿用，对古文字学、古文献学和古史学的研究作用极大。在清代，研究《说文》成为专门的学问，给它作注的大家就有数十家。

（一）作者简介

许慎（公元 58-147 年），字叔重，东汉汝南召陵(今河南郾城县)人。古文经学家、古文字学家。他初举孝廉，后入京，官至太尉南阁祭酒。曾从贾逵学习古文经学，博通经籍，当时洛阳儒生称其为“五经无双许叔重”。许慎对我国文字学的发展作出了不朽的贡献。

许慎所处的时代，古文经与今文经的论争非常激烈。今文经的儒生大多认为当时通行的用隶书书写的经典解说字义不严肃，谬语较多。而古文经的儒生则认为从孔壁中发掘出来的用六国文字书写的经典是可靠的。这场斗争对推动经学和文字学的发展是有益的。处于这个时代的许慎，

许慎像

许慎才德兼备，被举为孝廉

“性淳笃”且“博学经籍”，并注意研究周秦时的西土文字籀书及“孔壁古文”（又称“东土文字”），尤其着力于小篆和六书，诸如《仓颉》《博学》《凡将》《急救》《训纂》等字书无不涉猎。这为他后来撰写《说文解字》奠定了坚实的基础。

由于他才学过人，成年后即任职汝南郡功曹。在任期间，他勤于政事、廉洁奉公、严于律己、宽以待人、刚毅多谋、颇有政绩，因此被举为孝廉，来到了京师洛阳，补为太尉南阁祭酒。许慎到洛阳后，尽管他“少博经籍”，颇有造诣，但仍“从逵受古学”，拜当时的儒学大师贾逵为师。所以，他对古文

赵之谦《篆书许氏说文叙册》

经和仓颉古文、史籀大篆的研究，又有了更高的造诣。

汉代儒生研究古代文献，有古文经和今文经两大学派。今古文经之争到汉章帝时代已进行了二百多年。今古文经之争也诱发了那些不肯墨守成规、敢于创新的有志之士的创造欲，许慎就是其中一位不断进取、锐意创新的学问家。许慎针对古今文经之争的根源在于使用文字的混乱，批评今文经学家牵强附会、随意解说文字，只凭笔画臆测文字起源与结构，是荒诞不经的“巧说邪辞”。他认为，先有文字而后有五经，今文经学随意解说文字，是“人用己私，是非无正，巧说邪辞，使天下学

许慎勤思好学，经学知识十分广博

者疑”。因此他要纠正今文经的妄说，提高古文经的信度，而“理群类，解谬误，晓学者，达神旨”，就必须弄懂文字的结构、读音及其意义。他强调：“文字者，经艺之本，王政之始，前人所以垂后，后人所以识古。”并说“本立而道生”。

《康熙字典》

在长期的学习和研究中，许慎搜集到了大量的小篆、古文和籀文资料，并且以他广博的经学知识为基础，根据六书条例，在向贾逵学习古学之时，即着手编写《说文解字》,《说文解字》正文为14篇,加上《后叙》共15篇。据《后叙》谈，此书收字9353个，重文1163个，解说达133441字（与今之大徐本所收字数稍有出入）。正文分540部，并首创部首检字法。按部首编排，基本上是根据形体相近或地支顺序排列。这种编排法虽然不太科学，但对后世编著字典者却影响极大,如晋时吕忱的《字林》、南朝梁时顾野王的《玉篇》及宋代的《类编》、明代的《字汇》、清代的《康熙字典》,皆沿用部首检字法。在同部首内，先列“字”，后列“文”。字形以小篆为主，次列古文、籀文。古、籀算作重文。在说解中，采用了《尔雅》等三十多种典籍，并汲取前人和当代通儒的解说达 141 处。解释单字，是先释义而后析形，其字音则居后。通过形体分析，说明造字的本义；根据六书理论，总结造字的规律。

许慎在校书过程中，涉猎的典籍广而精深。当时《说文解字》的初稿虽已完成，但为了利用此机会将其补充得更加完善，他迟迟不作定稿。汉安帝元初六年，即公元 119 年，全国有四十二处地震，灾情极为严重。皇帝下诏三府，选属下有能力的官员，出补令长，安抚百姓，稳定民心。许慎因朴实忠厚，又“能惠利牧养”，故被选受诏到沛国汶县（今安徽固镇）任县令。许慎致力于儒学，淡于仕官，

全国地震频发，灾情极为严重

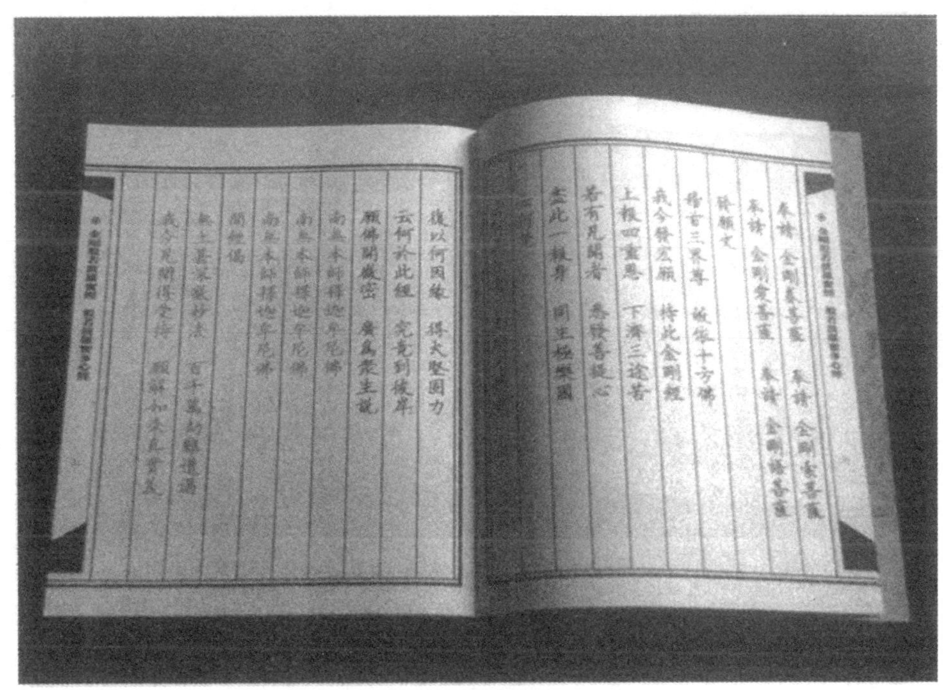

经书

在就任县令之前，即称病回故乡，专心审定《说文解字》。三年后，即公元 121 年，《说文解字》定稿，遂让其子许冲将书稿进呈皇帝。

东汉时期，由于今古文之争，致使经学异常繁荣。全国各地都有经师讲学，有的经师聚徒千人，甚至万人。“五经无双”的许慎也不例外，桓帝时他虽年近九十，而远在西南夷的尹珍，还风尘仆仆投至其门下，拜受经书。

许慎一生，除著有《说文解字》外，还著有《孝经孔氏古文说》《五经异义》《淮

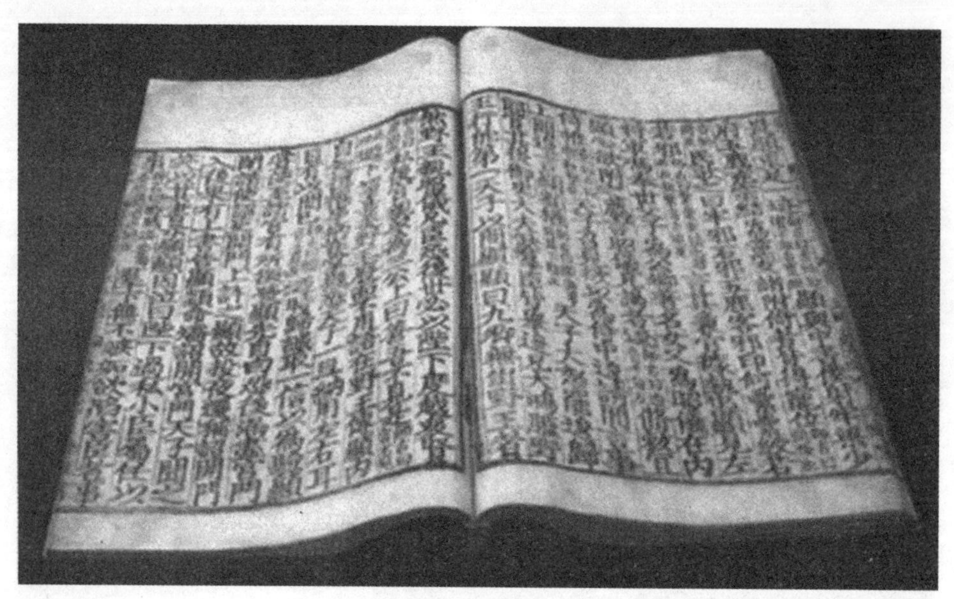

《汉书注》

南子注》《汉书注》《六韬注》《五经通义》等书。但他花费的心血以《说文解字》为最多。从他开始撰写《说文解字》到完成初稿，费时十六年；从初稿到修改定稿又费时二十二年。许慎著《说文解字》一书，用心之苦、治学之严，由此可知。在古代，独体字叫“文”，合体字才叫“字”。前者指象形字和指事字，如日、月、上、下；后者指会意字和形声字，如武、信、江、河。因而许慎称这部解释字义、分析字形的书叫《说文解字》。“说，释也。解，判也，从刀判牛角”。《说文解字》是许慎研究古文经的伟大成果。许慎所继承的词语的解释，很多是来自汉学家的转注。他曾校书于东观，因而得见不少秘籍，其中有不少对古书的训释。他所编撰的《五经异义》虽佚，但从清人陈寿祺著的《〈五经异义〉疏证》看，许慎之于五经及其训诂材料，非常精熟，又不囿于旧说，而是博采众长，有独到的见解，这使得《说文》达到了较高的学术地位。至今,《说文解字》不仅在国内，而且在世界上也有重大影响，日本、美国、瑞典等国都有研究《说文解字》的学者，特别是日本，还成立有《说文》学会。

（二）《说文解字》命名的意义

《说文解字》是第一部说解汉字的著作，许慎在《说文·叙》里说："仓颉之初作书，盖依类象形，故谓之'文'，其后

《说文解字》对后世的影响十分深远

形声相益，即谓之‘字’……‘字’者，言孳乳而浸多也。”

“文”和“字”大体上标志着汉字形体的创造和发展的过程。实际上“文”就是“字”，“字”也就是“文”，而只有单体和合体这一点区别罢了。“说文”是说字的文，重点在字形的分析上；“解字”是解字的义，重点在字义的解释上。如“元”字，说“始也”，是解字；“从一从兀”，是说字。天字，说“颠也，至高无上”，是解字；“从一大”是说文。因而“说文”就是“解字”，“解字”就是“说文”，不过联合起来说成“说文解字”显得比较全面。

汉字“元”

但“文”不是最初时的名称，最初把“文”叫做“名”,后来才叫做“文”或“字”，最后才叫做“文字”。叫做“名”是从文字的声音方面出发；叫做“文”是从文字的形体方面出发；叫做“字”是从文字的孳生方面出发。分开说，单体是“文”，合体是“字”，合起来说，叫做“文字”。

（三）《说文解字》的字数和部数

《说文解字》共十五卷，每卷又分上下。第一卷至第十四卷是正文，第十五卷上是叙和部首，卷下是后叙。据《说文解

汉字“文”

汉字“亥”

字》后叙，全文有单字9353字，重文1163，说解的字数是133441字。这9353字是后汉时汉字的总数，比东汉贾魴的《滂喜篇》还多1973字（《滂喜篇》共7380字）。

许慎根据文字的形体，创立540个部首，将9353字分别归入540部。540部又据形系联归并为14大类。字典正文就按这14大类分为14卷，卷末叙目别为一篇，全书共有15卷。

540部首的次序，是始“一”终“亥”。部首之间主要是据形系联。凡部首绝大多数是形旁，只有少数部首是声旁。一部里面的字一般都是把意义相近的放在一起，例

许慎在病中遣其子许冲将书稿献给皇帝

如言部“诗”“谶”“讽”“诵”列在一起，“讪”“诬”“诽”“谤”列在一起；月部“胯”“股”“脚”“胫”“腓”列在一起，都是因为意义相近或事物相类的缘故。这正是贯彻“以类相从，不相杂越”原则的证明。

（四）《说文解字》的成书和传本

《说文解字》作于汉和帝永元二年（90年），直到汉安帝建光二年（122年）才告完成，前后历时21年。许慎在病中遣其子许冲将此书献给皇帝。

《说文解字》旧称《字书》，按今天观点看，它是我国语言学史上第一部分析字

殷墟甲骨文石刻

形、说解字义、辨识声读的字典。同时，它创立了汉民族风格的语言学——文献语言学，《说文解字》就是文献语言学的奠基之作。《说文解字》成书不久，就为当世学者所重视。如郑玄注“三礼”，应劭、晋灼注《汉书》，都曾援引《说文解字》以证字义。

《说文解字》对传统语言学的形成和发展有巨大影响，后世所说的文字、音韵、训诂之字，大体不出《说文解字》所涉及的范围，而《说文解字》本身则形成一个专门学科。《说文解字》完整而又系统地保存了小篆和部分籀文，是我们认识更古文字——甲骨文和金文的桥梁；《说文解字》的训解更是我们今天注释古书、整理古籍的重要依据。所以《说文解字》在今天仍有巨大的学术价值和应用价值。

《说文解字》这样一部巨著，是在经学斗争中产生的。今文经学与古文经学之争是汉代学术思想领域中最重要的一场论争。秦以前的典籍都是用六国时文字写的，汉代时称六国文字为“古文”，用古文书写的经书称为古文经。秦始皇出于愚民政策的需要，将这些用古文字写成的《诗》《书》等典籍付之一炬。西汉初年，一些老年儒生凭记忆把五经口授给弟子，弟子用隶书记录下来。隶书是汉代通行的文字，称“今文”，用今文书写的经书，称今文经。后来陆续发现用古文字写的经书。这样，在汉代经学家中就分成了今文经学家和古文经学家两派。两派的区别不只是表现为所依据的经学版本和文字不同，更主要的表现为怎样使经学为封建统治者服务上。今文经学家喜欢对经书作牵强附会的解释和宣扬迷信的谶纬之学；古文经学家则强调读懂经典，真正理解儒学精髓，为此侧重名物训诂，重视语言事实，比较简明质朴。许慎属于古文经学派，他编著《说

两派的区别更体现在怎样使经学为封建统治者服务上面

《说文解字》无论在经学还是在政治学方面都有着重大的影响

文解字》是要以语言文字为武器，扩大古文经学在政治上和学术上的影响。

《说文解字》的早期传本不得而知，据记载，最早的刊刻者是唐代的李阳冰，他在代宗大历年间刊定《说文解字》，但其中掺杂李氏臆说颇多。南唐徐铉、徐锴兄弟二人精研《说文解字》，徐锴的《说文解字系传》是第一种《说文解字》的注本，成书于南唐末年，世称小徐本，徐锴对李阳冰谬说多有匡正。徐铉于宋太宗雍熙年间奉旨校定《说文解字》，世称大徐本。另外，今尚存有唐写本《说文解字》木部残卷一卷，仅188字。清人研治《说文解字》，多以大徐本为基础，同时参校小徐本。大小徐本今天均有中华书局的影印本。

二、对《说文解字》的深刻了解

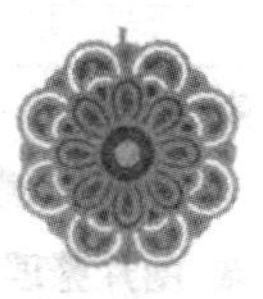

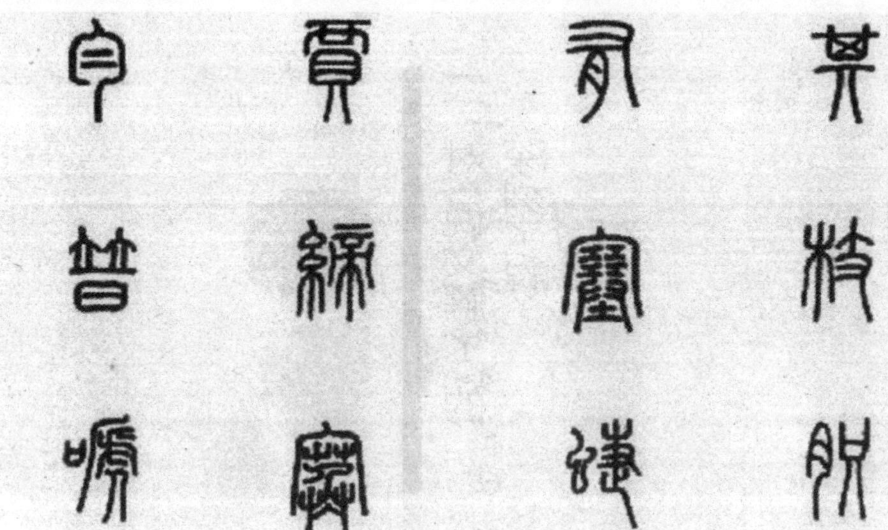

小篆

（一）《说文解字》的编排体例

《说文解字》四个字告诉读者，这部书由“文字”和“说解”两部分构成。对于文字部分，我们需要了解两个问题：一是《说文解字》收录了哪些字，二是怎样把这些字编排起来。

许慎之所以把小篆作为收字和注释的对象，是有着深刻的历史原因的。因为小篆是一种经过系统整理的文字，是“书同文”的产物，它比籀文和古文都要规范、完备；因为小篆从籀文脱胎而来，与籀文大体相同，不同之处仅仅在于有些字在籀文基础上稍加简化。因为小篆同六国古文固然有不同的一面，但是也有相同的一面，拿出土的石刻儒

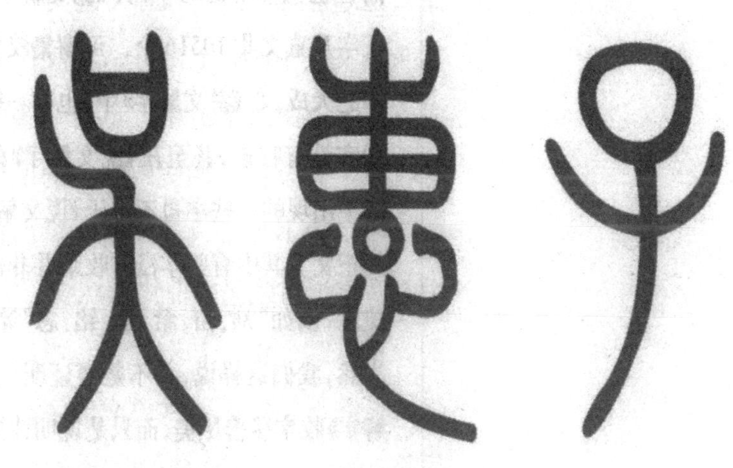

小篆

家经典中的古文和《说文》中的小篆相对照，相同的占35%（曾宪通《三体石经古文与〈说文〉古文合证》，载《古文字研究》第七辑），所以把小篆作为字头也就涵盖了那些与小篆相同的古文和籀文。

许慎在《说文·叙》中说："今叙篆文，合以古籀。"指明所收的是正字，而非指重文。据统计，在《说文解字》重文中，指明是古文的就有500多字，指明是籀文的有219字，远远少于许慎所能见到的古文和籀文。这说明和小篆相同的古文、籀文绝不在少数。

作为供人查检的字典，《说文解字》收字全面、系统，不仅包括难懂的字词，而且也包括常见的字词，《说文解字》收正字及重文共 10516 个，可谓集汉代文字之大成。在《说文解字》中，也有一些常用字没有收录，甚至在《说文解字》的说解中出现的一些字也不见于《说文解字》的正文。其中有些字没有收录并非由于疏忽，例如“刘、由、希、趾、铭、志”等字。当然，我们这样说，并不是要证明《说文解字》收字尽善尽美，而只是说明许慎的收字原则。事实上，由于许慎轻视后起的俗字，所以尽管在说解中随俗，使用这些字，但是坚持不把这些字作为正字收进《说文解字》。另外，由于疏忽或见闻不及，《说文解字》也遗漏了一些字。

西汉书法作品

秦朝石刻

《说文解字》的重文即异体字，包括古文、籀文、篆文、秦刻石、或体、俗体、奇字、通人掌握的字、秘书中的字，共九类。《说文解字》以小篆作为字头，与小篆不同的古文和籀文则作为重文，这是正例；有时为了立部的需要，把古文作为字头，把篆文列为重文，这是变例。秦刻石即秦朝时在石头上刻的文字，也是小篆；或体指另外的形体，多为小篆；俗体指在民间流行的字体，仅限于小篆；奇字指古代某种特殊的字体，属于古文；通人掌握的字，指来源于专家的特殊的字；秘书中

的字，指那些讲阴阳五行、秘密而不公开的书里所用的特殊的字，这两类字也仅限于小篆。在以上九类重文中，古文、籀文、或体三类占了绝大部分，其他六类数量很少。

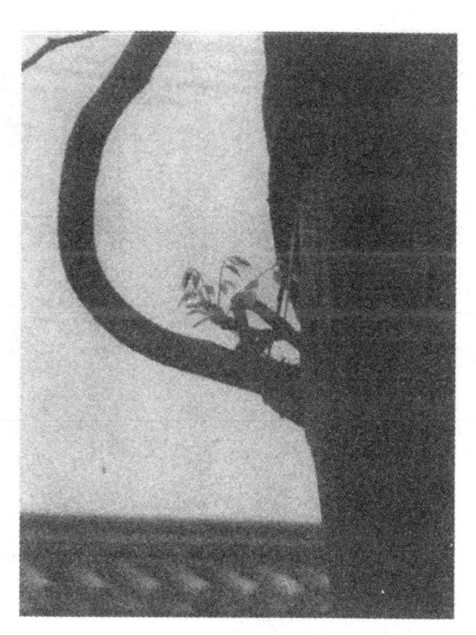
许慎的哲学思想受到时代风尚的影响

在《说文》中，重文列在正字下面，不产生编排问题，而9353个形态各异的正篆怎么编排，确实是一个难题。人们在长期使用汉字的过程中，已经对汉字的分部有了一定的认识。许慎正是在这个基础上，提出了“分别部居，不相杂厕”（《说文·叙》）的汉字编排的原则。

许慎把众多的汉字按形体构造分成了540部，创造了一套成体系的“偏旁编字法”。这540部又是怎样编排起来的呢？据《说文·后叙》记载，是“立一为专”“毕终于亥”“杂而不越，据形系联”。540部按“始一终亥”的法则编排，体现了许慎的哲学思想，这是时代风尚所致，是不必苛求古人的。

“据形系联”指的是根据字形相近来安排次序。部首排列也有“以类相从”的情况。除了“据形系联”和“以类相从”之外，部首排列也有毫无道理可言的情况。

《汉语大字典》

南唐徐锴曾专论过《说文解字》的“部叙”(《说文系传》第三十一卷)，试图将每一部字的编排次序讲出点道理。其实，在严格的检字法——部首检字法问世之前，部首的排列不管从形体出发，还是从意义出发，都具有不确定性，我们既不必苛求许慎，也不必强作解人。

每部当中列字的次序，大致来说是按照意义排列，把意义相关的字排在一起。按照《说文》列字的体例，凡是与部首、形体重叠或相反的，都列于该部之末，所以“禁”“禫”二字或者是被后人颠倒了次序，或是后人附益的字。许慎对各部中字的排列都有一些安排，不过部与部之间字的编排因内容而异。

总而言之，《说文解字》的“部叙”和

部内收字次第虽然有一定的安排，但是并没有严格的体例。初学《说文解字》，要查检某个字，往往不知道它属于哪一部。《说文解字》的部首是文字学的部首，与后世检字法的部首不同。要想顺利地翻检《说文解字》，必须逐步熟悉《说文解字》的540部及汉字本身的构形。这当然不是件容易的事，就连刊定《说文》的徐铉也感叹说："偏旁奥密，不可意知；寻示一字，往往终卷。"（《说文解字篆韵谱·序》）好在中华书局影印的大徐（铉）本《说文解字》后边附有部首检字和正文的检字，能够帮助我们解决不少问题。还有一个办法，

汉字"禁"

就是通过《汉语大字典》来查检《说文解字》。凡是《说文解字》所收的字、所作的说解，这部大型辞书都收录了，并作了进一步的解释，可供读者参阅。

（二）《说文解字》的构形体系

汉字发展到小篆阶段，其结构已经完全符号化了，这突出地体现在合体字上。在甲骨文中，图画性很强的会意字，到了小篆，或者将其拆散分别变成有音有义的构件然后重新组合，或者废弃不用另造形声字。这些字的构形特点是“据事绘形”，即根据词义以比形会意的方式分别造出一个个字来。这些字图画性强，符号性差；整体性强，分

甲骨文

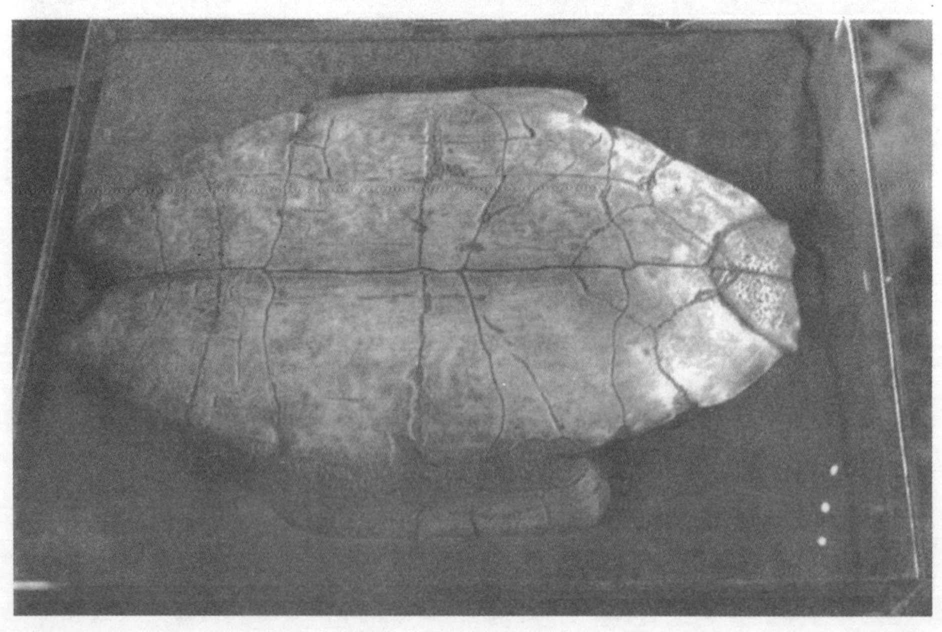

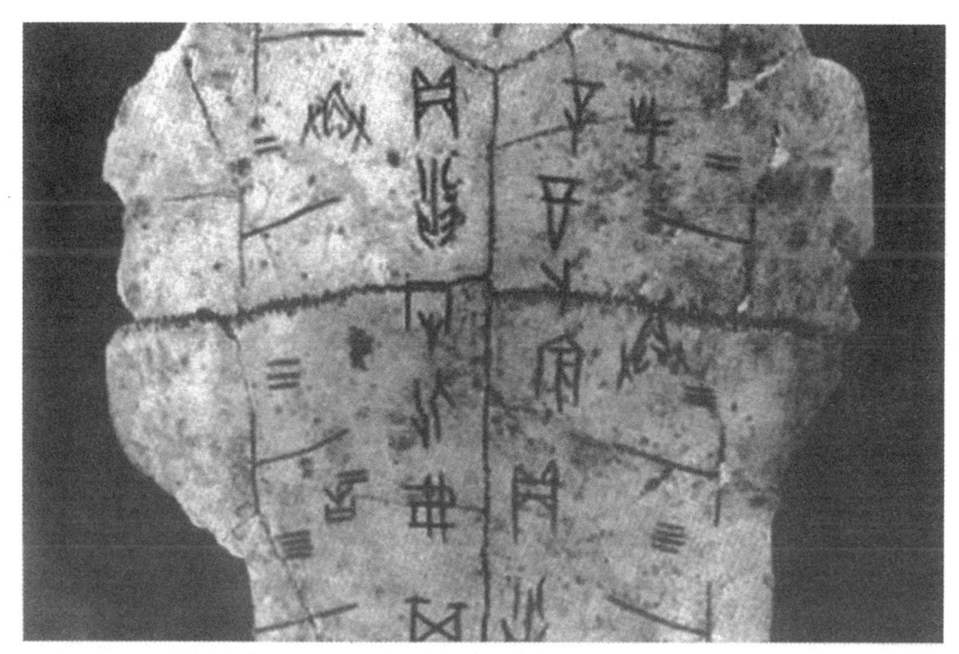

甲骨文

析性差；在字的内部，浑然一体，在字与字之间，缺乏整体的联系。这种造字方式是初级的。到了小篆，不仅已经完全抛弃了“据事绘形”的造字方式，而且对汉字体系中已经存在的这种字进行了改造。从甲骨文到小篆，这种图画性的合体字通过加强符号性，加强分析性，改造为由文字构件合成的会意字，这是一种情况。另一种情况是对甲骨文的形体进行更彻底的改造，变会意字为形声字。如“沫、何、队、囿”等字就属于这种情况。

汉字结构到小篆已经形成了完整的定型化了的科学体系。这个体系经过许慎的

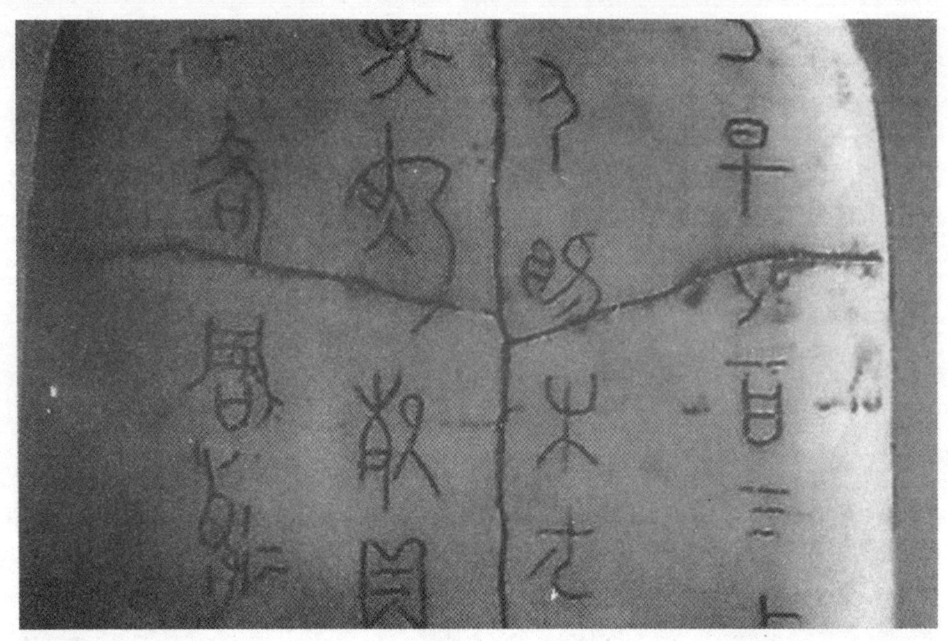

甲骨文

分析综合，体现在《说文解字》的分部及说解之中。我们要了解小篆字系，首先应该从《说文解字》540个部首入手，去研究、把握小篆构形的普遍规律。这540个部首的三分之二以上是独体的文，也是小篆字系的文字构件，将近三分之一的部首是合体的字，可以进一步分解为若干个文字构件。

《说文解字》之所以把包括同体会意的不少合体字作为部首，是因为《说文解字》遵循文字学的原则，按字的意义来归部。因为《说文解字》要严格贯彻文字学的原则，所以尽管有些部统辖的字极少，甚至有些部连一个统辖字也没有，但也要设立这些部首。

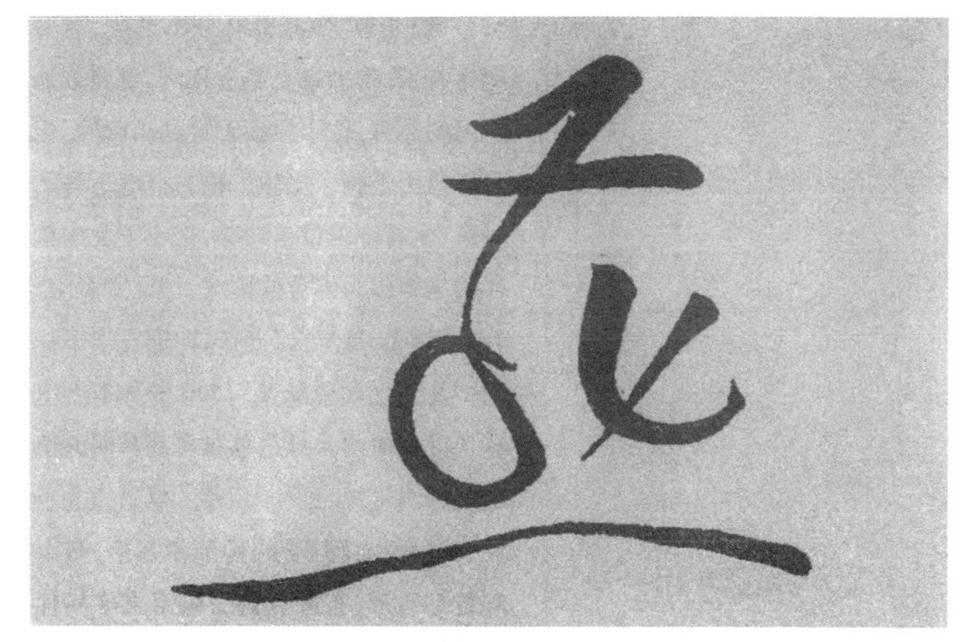

汉字“燕”

《说文解字》全书共有 36 个部首没有统辖字，但是仍然在这些部首字下注明“凡某之属皆从某”。《说文解字》之所以这样做，是为了维护小篆构形体系的完整。既然这些字有音有义，是最小的形体单位，并且绝大多数字曾经作为文字构件进入合体字担任形旁或声旁，那么我们就应该承认它们的构字功能。有些没有统辖字的部首字，即使只作形声字的声旁，如“燕”字，也应该承认它具备潜在的作为汉字形旁的能力。有些人之所以产生没有统辖字就不应该设立部首的想法，是因为拘泥于检字法的原则，不了解《说文解字》的构形体系的缘故。

《说文解字》分部从分不从合，只要形体有别，哪怕意义完全相同，也要分为不同的部首。这个原则无疑是正确的。但是许慎由于拘于形体，也有分部不当的时候。也有分得过于琐碎，把小于文字构件的笔画作为部首的情况。《说文解字》分部依据的是意义，所以在部首字下标明“凡某之属皆从某”，540 部基本上坚持了这个原则，可是也有自乱其例的情况。

在《说文解字》的构形体系中，每个部首都有形、有音、有义，每个文字构件都有形、有音、有义，这标志着小篆字系已经发展为

吴昌硕小篆《芍药》

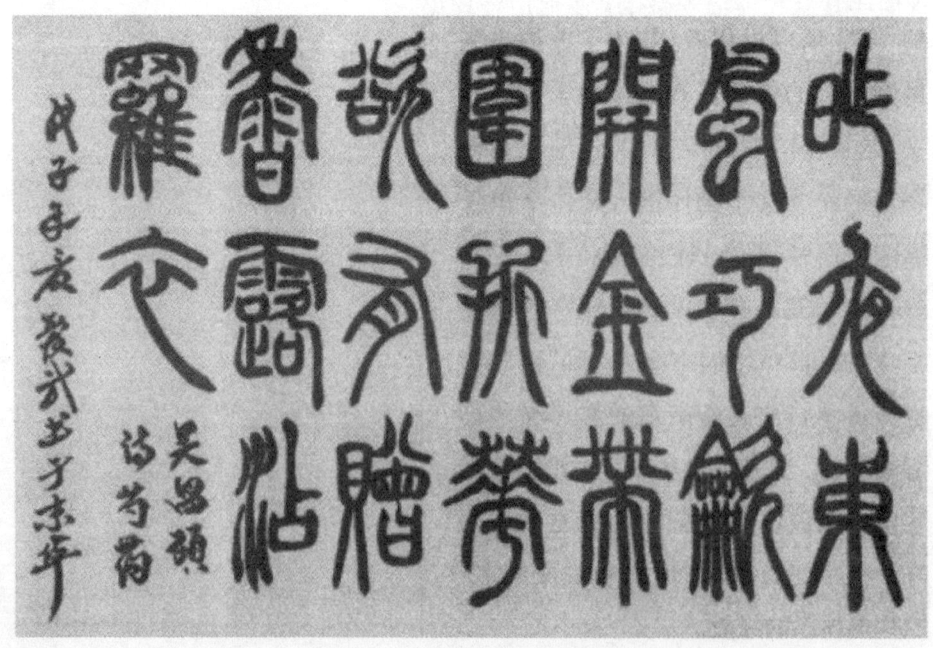

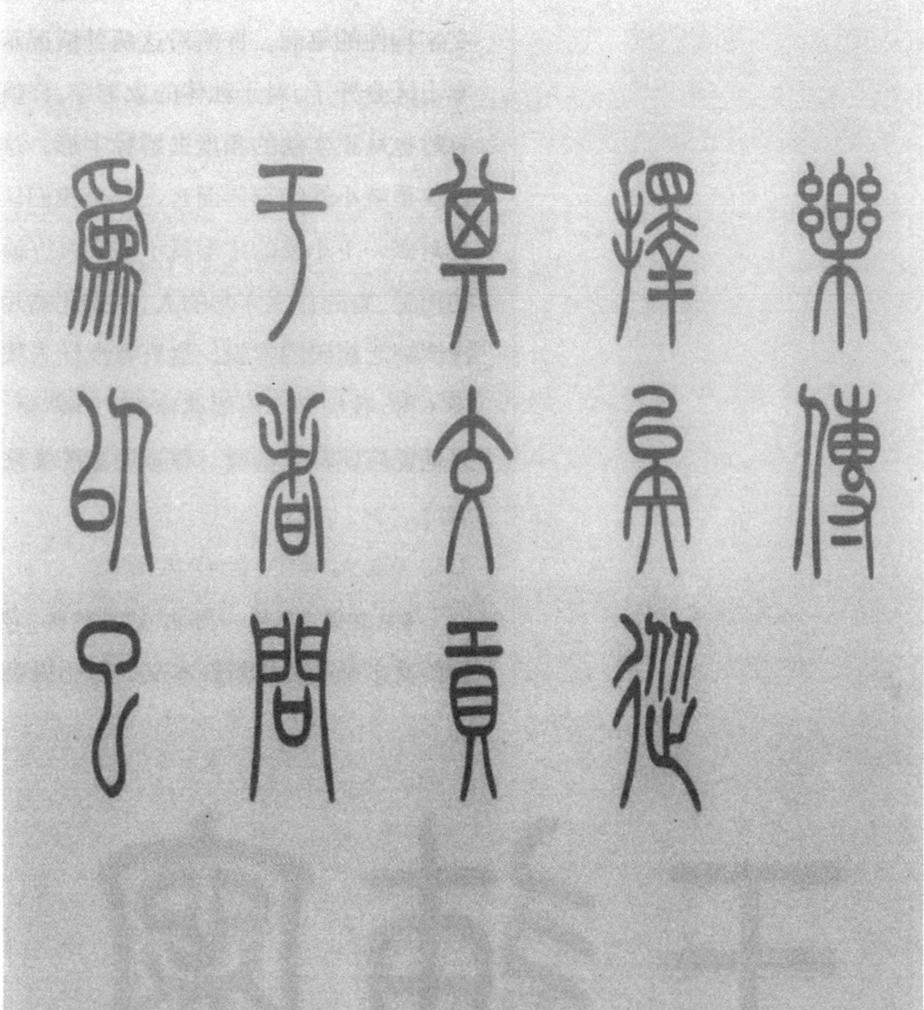

小篆

一个严整的、定型了的科学体系。值得注意的是，在小篆字系中，有时小于文字构件的笔画与文字构件形体相同。例如“一”这个形体，作为文字构件，是数字，表示最小的正整数，读 yi（一声）。同样是“一”

这个形体，如果并不表示最小的正整数，那么它就是小于文字构件的笔画。许慎对这两种情况基本上区分开了。对于独体的象形字，许慎有时也从正字法的角度去解释字形。这仅仅是就小篆的形体而言，只要我们认真对照一下小篆的字形就不难明白许慎的用意。有的搞文字学的人，竟据此痛斥许慎缺乏起码的常识，这真有点让人哭笑不得。我们并不是要迷信《说文解字》，只是说应该尊重前贤，尊重民族的文化遗产。

（三）《说文解字》的释义原则

《说文解字》是一部古文字字典，它按

小篆

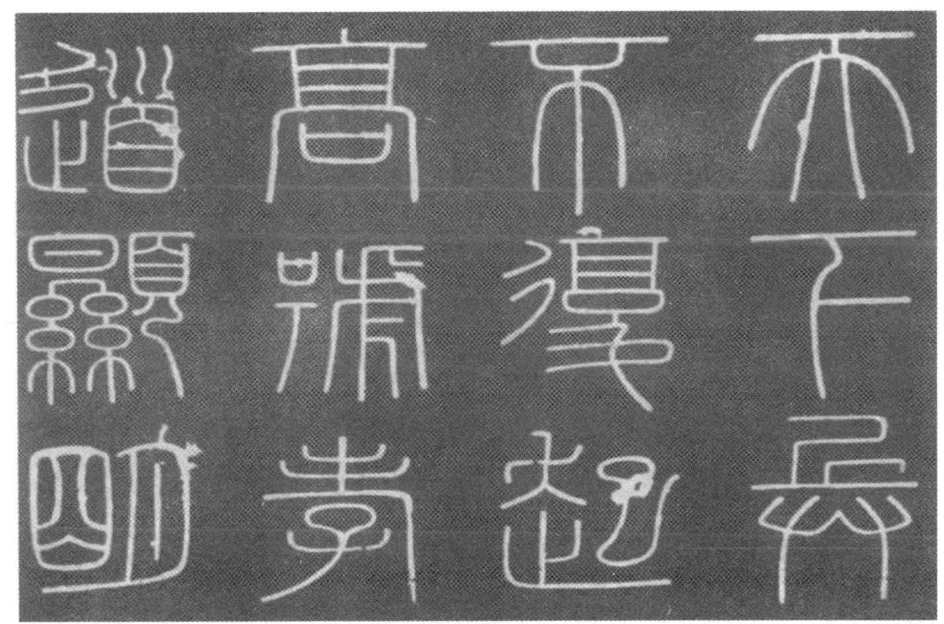

小篆

照文字学的要求解释本义，努力做到两个统一，即形和义的统一、文字和语言的统一。所谓形义统一，是说《说文解字》全面分析了小篆的构形体系，根据字形来解释文字的本义；所谓文字和语言统一，是说《说文解字》的释义是直接从文献语言中概括出来的，是与文献语言相符合的。

古人说："许书之要，在明文字之本义而已。"所谓本义，指的就是体现在文字字形上的字义，它一方面反映出表彰文字初期的造字意图，另一方面又确实是在古代典籍中被使用过的词义。

小篆的字形反映的是文字的造义，古

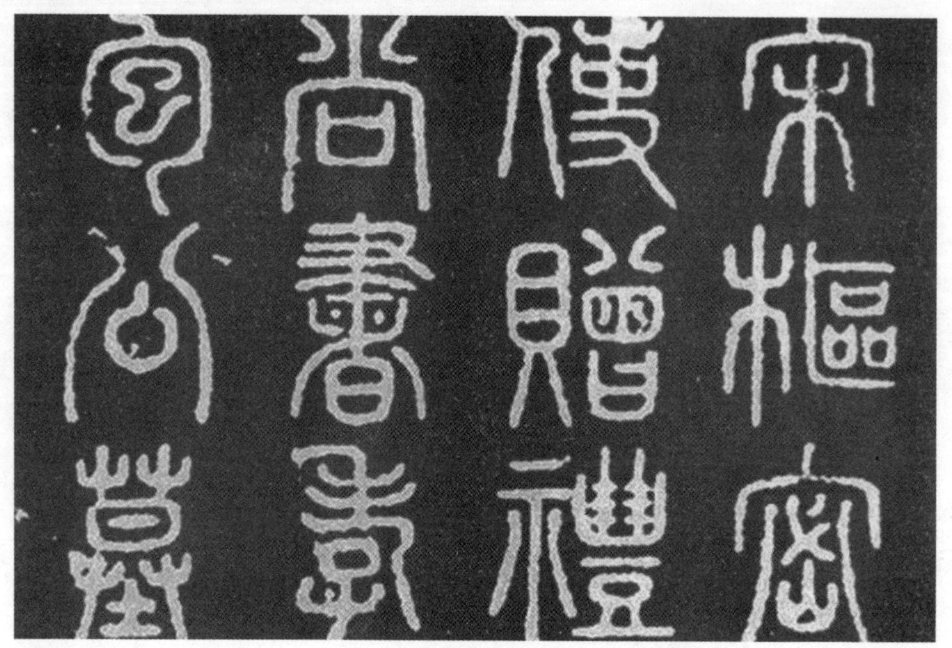
小篆

籍中的用例反映的是词的实义，在《说文解字》中二者大多是一致的，但是也有不一致的情况。之所以造成这种情况，是由于文字的造意和词的实义存在着一定的矛盾。尽管造意是以实义为依据的，但是它有时仅仅是对实义具体化、形象化的说明，而语言中被使用的实义要概括、抽象得多。因为《说文解字》要紧密结合字形说解字义，限于体例又只能用极简单的话来训释，所以就难免迁就造意。我们在理解《说文解字》的这种训释时，只需要除去那些形象的具体因素而加以进一步的概括，就能把字的造意和词的实义统一起来。

邓石如小篆《弟子职》（局部）

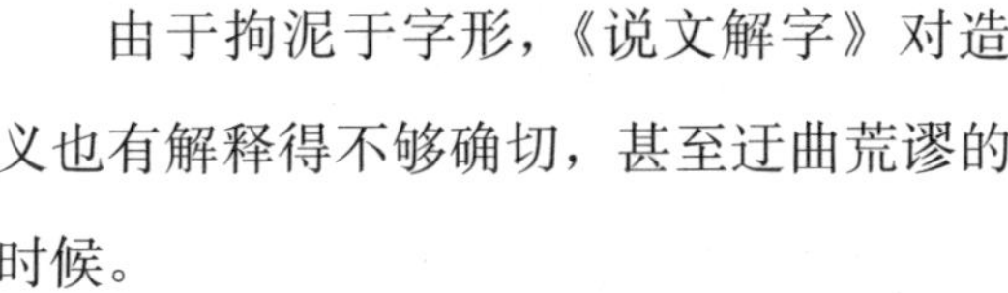

由于拘泥于字形，《说文解字》对造义也有解释得不够确切，甚至迂曲荒谬的时候。

总的来看，尽管《说文解字》对字义的训释存在一些问题，但是绝大多数释义是有文献语言作为根据的，是可信的。《说文解字》虽然没有自觉地在每个字下都引用书证，但是这并不是说，对这些字的训释是没有文献根据的。

由于《说文解字》的绝大多数训释是有文献作根据的，所以对字义的解释比对字形的解释可靠性要大。往往有这种情况，《说文解字》把字形解释错了，但释义并不错。

我们说《说文解字》中的绝大多数训释有文献根据，并不是说就可以迷信《说文解字》。由于时代的局限，《说文解字》的语言资料只能取自周秦文献，以致所收的文字不过是晚周、秦代以至汉代的字体综汇。至于甲骨文，因为出土很晚，许慎当然无从看见，就是金文也见得极少。这些都限制了他的眼界，因此在写作《说文解字》时出现遗漏和谬误之处自不能免。

我们在读《说文解字》时要坚持形义统一的原则，首先要了解、掌握小篆的构形体系及六书理论，此外还要注意学习一些古文

甲骨文

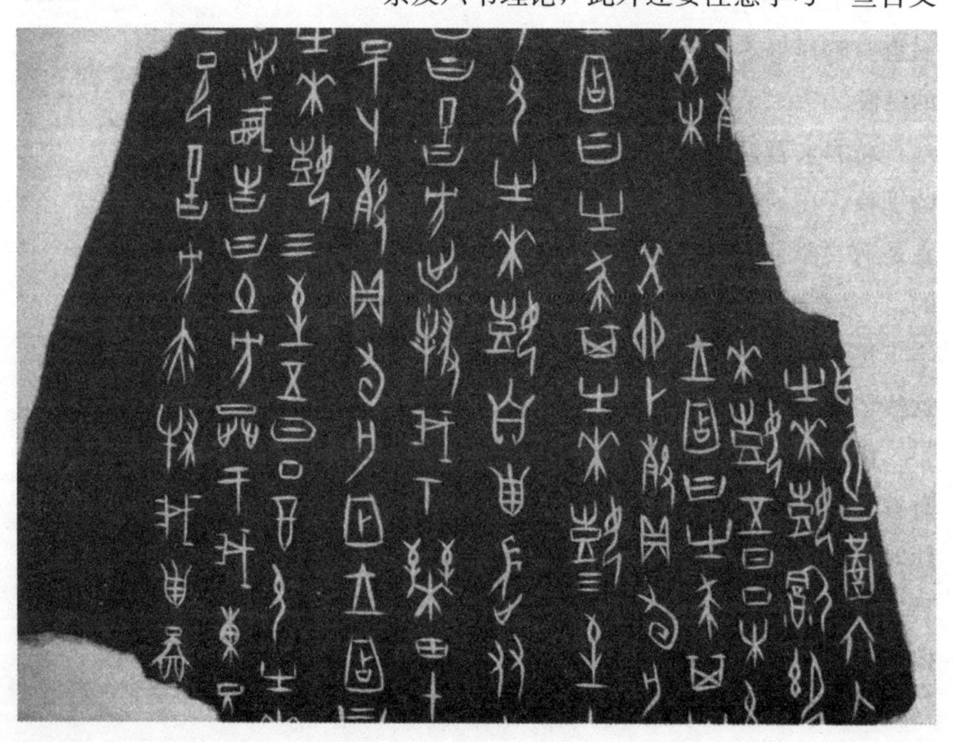

邓石如小篆《弟子职》（局部）

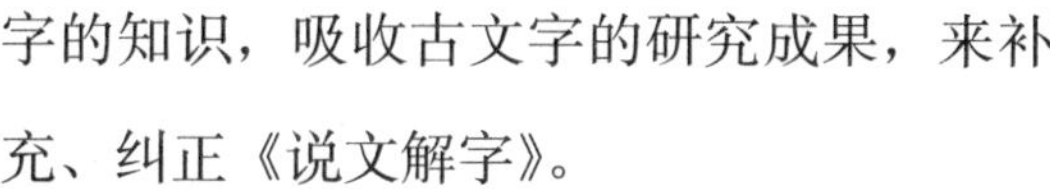

字的知识，吸收古文字的研究成果，来补充、纠正《说文解字》。

我们在读《说文解字》时应坚持《说文解字》与文献相结合的原则，掌握古人提倡的“以字考经，以经考字”（陈焕《说文解字注·跋》）的训诂方法。

我们要学会利用《说文解字》的材料去解决在文献阅读中遇到的问题，以更准确更深入地解释词义，这就是“以字考经”。

（四）《说文解字》的说解方式

《说文解字》说解文字的一般格式是：首先解释字义，其次分析字形结构，然后根据情况补充其他方面的内容，如引经作

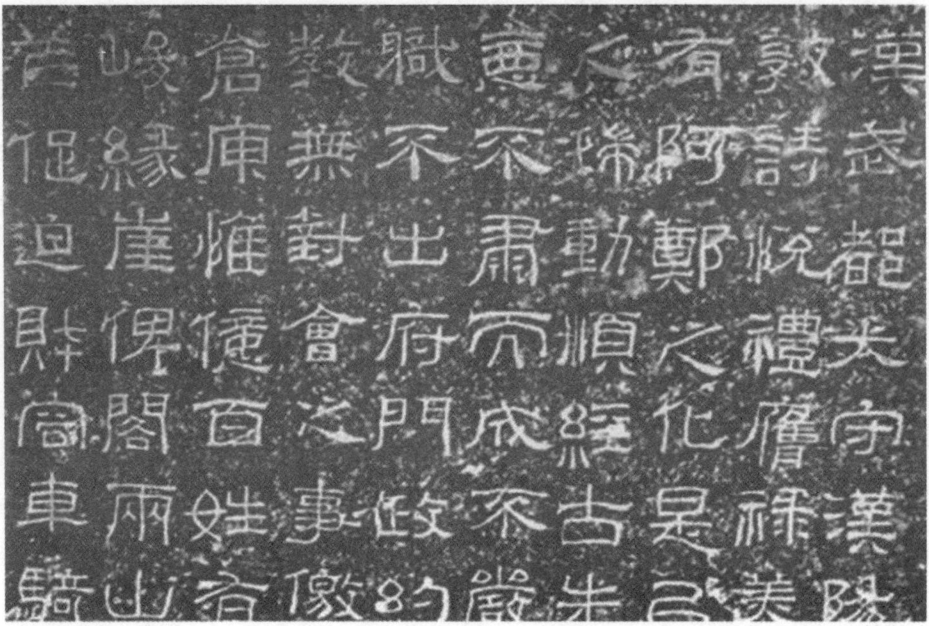

东汉摩崖《西狭颂》

为书证，用“读若”标音，等等。对于部首，都要标明“凡某之属皆从某”这样一句话，而对于部首所辖的字都要标明“从某”来呼应。“从”表示在形体上和意义上的从属关系。因为《说文解字》只解释字的本义，所以在大多数情况下只列举一个义项，如果有必要说明另外的意义，则用“一曰”表示。大致说来，说解的次序是先解释字义，再分析字形，然后用说明形声字声旁及譬况读音的方法说明字音。

《说文解字》的释义方式，或者用词释词，或者用短语释词。用词释词，在训诂学上称作单字相训，又称直训。直训可分四种类型：

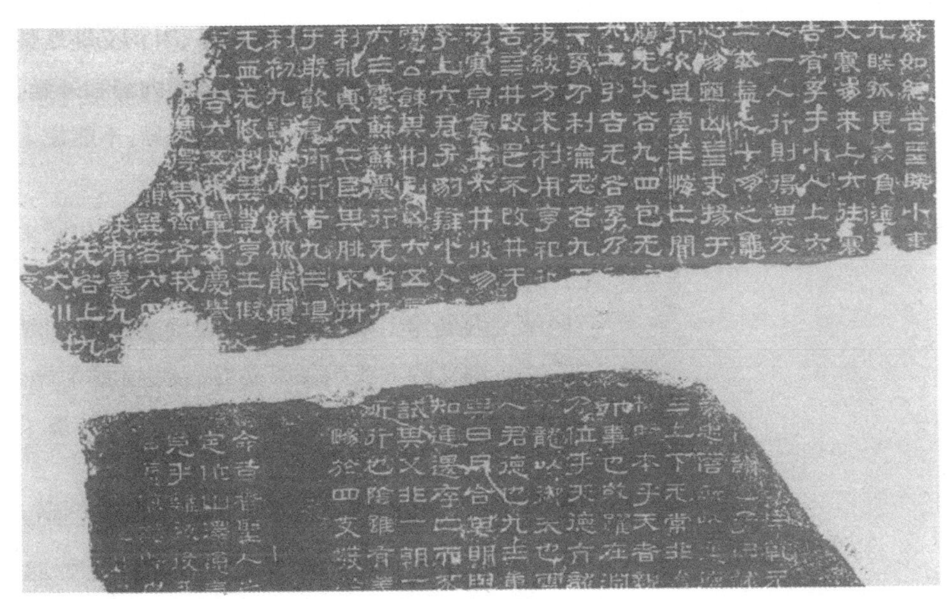

东汉隶书《熹平石经残石》

第一种是甲词释为乙词，而乙词不采用直训方式进行解释；第二种类型是甲词释为乙词，而乙词又释为甲词，这在训诂学上称作互训；第三种类型是甲词、乙词、丙词同释为丁词，这在训诂学上释作同训；第四种类型是甲词释为乙词、乙词释为丁词，丁词又释为甲词，这在训诂学上称作递训。

以词释词的优点在于简洁明了，尤其是在沟通古今语言、对译通语方言方面更是其他释义方式所不能企及的。《说文解字》的用意在于把方言译成通语。直训的释义方式重在以易释难、以今释古、以通释别，系联了相互训释的各词之间的同义关系，展示了被释词所属的义类。直训的缺点是，对词义缺乏细致的分析，未能揭示出词的内涵和外延，对同义词只求其同，不求其异，不能使人了解到同义词之间的区别。

用短语释词，或用一句话、几句话来阐明词义的界限，对词所表示的概念的内涵作出阐述或定义，古人把这种训释词义的方式叫做下义界。《说文解字》给词下义界，简明扼要、准确生动，具备了现代字典的特点。

《说文解字》对于数目、度量衡、亲属称谓的解释和今天的解释毫无二致，这是因为古今的认识一致。对于其他事物，例如对

许慎从生活经验出发指出各类动植物词汇的属别

许慎将雀释为“依人小鸟”

动物、植物、昆虫等等，许慎尽管缺乏现代的科学知识，但是也能够从生活经验出发指出被释词的属别。比如“蚤”是一种昆虫，“雀”是一种鸟，许慎根据它们的生活习性分别释为“跄人跳虫”和“依人小鸟”。在《说文解字》中经常采用这种类别式的下定义的方式，也就是说，在大类名的前面加上适当的限制或修饰成分。这种界说，一方面能够表现词的特点，另一方面还能够把这个词和邻近词区别开来。类别式的义界在《说文解字》中占很大比例。有些形容词没有适当的同义词不好互训，但是有相应的反义词，所以往往用否定语作为注解。如“假”为“非真也”,“旱”释为“不雨也”。这样做既省事又明白。《说文解字》有时对词进行描写、比况式的说解。在《说文解字》中，对于实物、行为或状态，都可以描写或比况，至于对于历史和地理的叙述，也是一种描写，如释“馆”时叙述《周礼》，释“河”时叙述黄河的发源和流向。

从释词方式着眼，有直训和义界之分；从释词目的着眼，有义训和声训之分。如果释词的目的在于说明词的含义，这是义训。如果释词的目的在于说明词义的来源，即选用与被训释词音近义通的同源字来作训释词

许慎在释“河”时，还叙述了黄河的发源和流向

或主训词，这就是声训。义训可以选择直训和义界方式，如上文所述，声训也可以选择直训和义界方式。

以上情况是用训释词说明被释词的语源，前人称之为推因。还有一种情况，是用短语或一两句话来说解被释词，并在说解中指明被释词汇的语源。如“韩”释为“井垣也”，这是解释词义，而说解中的“垣”字与被释词“韩”在古音中既双声又叠韵（同属迎母元部），意义也相通，所以实际上许慎是以“垣”释“韩”的语源。我们把下义界时对被释词进行声训的训释字称

汉字“韩”

作主训词。读《说文解字》的说解要特别留心找出主训词。有主训词而轻易放过，只能算读了说解的皮毛；找出了主训词，才算懂得了说解的精髓。主训词都有实义，大都处于说解中的关键位置，只要从音义两方面去和被释词比较，并不难找到。拿上述例子来说，“斐”释为“分别文”，“文”是主训词。“娶”释为“取妇也”，“取”是主训词。“潮”释为“水朝宗于海”，“朝”是主训词。“婢”释为“女之卑者也”，“卑”是主训词。这些主训词自然贴切地指明了被释词的语源。

有时《说文解字》中的一条说解同时使用直训和义界两种形式，而目的都在于说

汉字“媒”

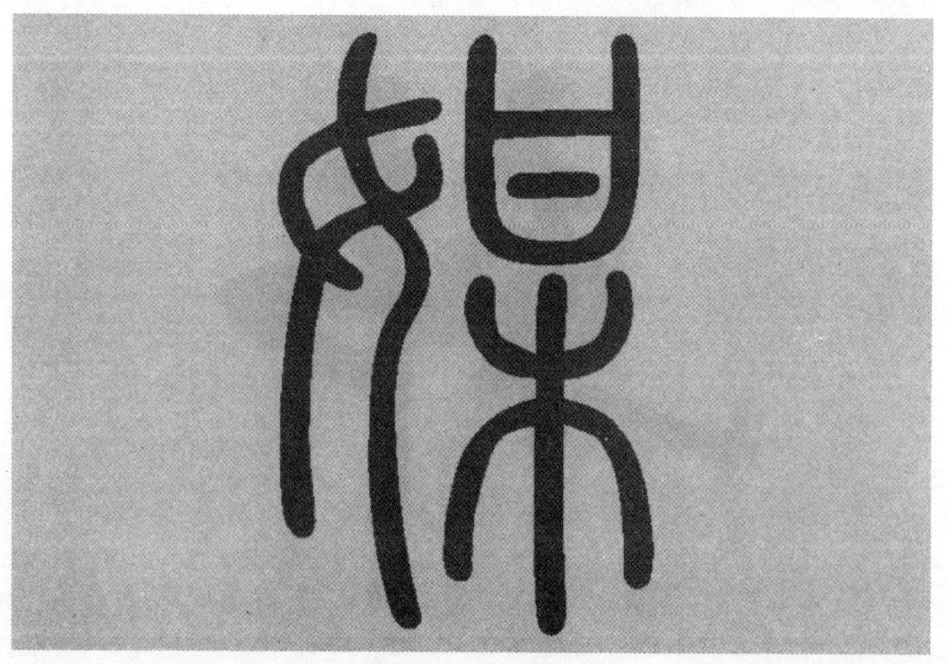

宣气散生万物

明语源。如“媒”，释为“谋也”，又进而说明“谋合二姓也”;“山”释为“宣也”，又进而说明“宣气散生万物”。有时《说文解字》首先说明词义，然后论述其得名的由来。

在现代一般的语词词典中不进行语源的解释，这个任务由专门的语源学词典负责，而传统的训诂则既包括义训又包括声训。尽管声训还不能算作严格意义上的语源学的探讨，但是它所反映的古人对词义的语源学的解释有一些是可取的，我们在读《说文解字》的时候应该潜心体会，适当取舍。

东汉《朝侯小子残石》

《说文解字》分析字形结构有一套程式化的用语，简而言之，对于象形字多使用“象形”“象某形”“象某某之形”“从某，象某某”“从某，象某某之形”这些用语。

《说文解字》中除了指明“上”“下”二字为指事以外，对其他指事字的说解用语与对象形字的说解用语大致相同，多使用“象形”“象某某”“象某某之形”“从某，象某某之形”等语。比较特殊的说解用语是“从某，某……”例如：“本，木下曰本。从木，一在其下。”(《木部》)“末，木上曰末。从木，一在其上。”(《木部》) 说解中的“一”是指事符号。

《说文解字》对于会意字最经常使用的说解是“从某，从某”“从某某”“从……某”“从某……某”；对于省形字使用“从某省，从某”“从某，从某省”这些用语。《说文解字》中的异体会意字绝大多数是合二体会意，其中“从某某”及“从某……某”的形式可以连读成文。

《说文解字》对于形声字的说解，多使用“从某，某声”“从某从某，某亦声”“从某某，某亦声”“从某省，某声”“从某，某省声”等用语。形声字多为一形一声，“从某，某声”是形声字最通常的形式。“亦声”字是声旁有显示语源功能的形声字，古人称为会意兼形声或形声兼会意。“从某省，

东汉《汉白石神君碑》

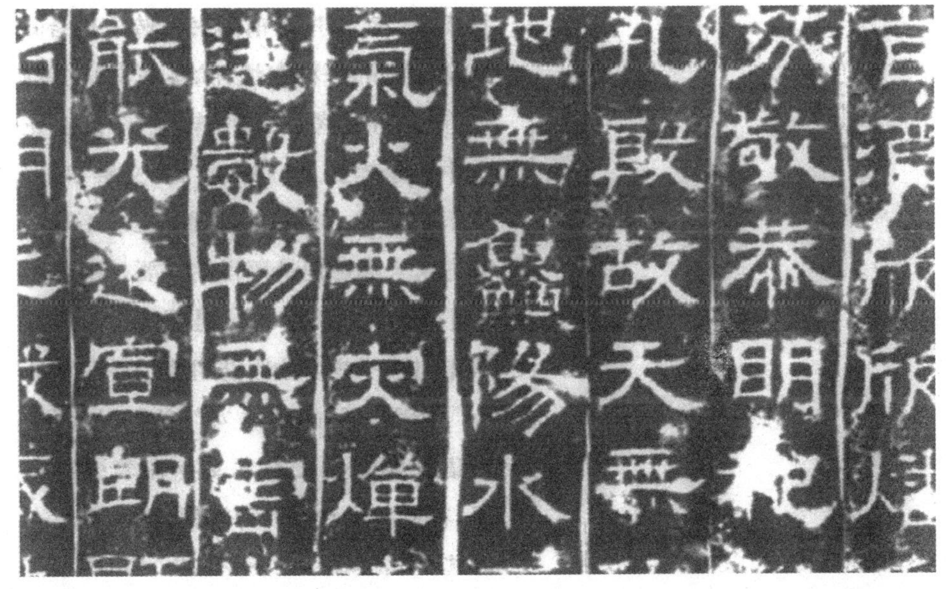

东汉《袁敞碑》

某声”，说解的是形旁有所省略的形声字。“从某，某省声”，说解的是声旁有所省略的形声字。

六书反映在字的构形上只有象形、指事、会意、形声等前四书。转注是给同义词造字的一种方法，除了在《说文叙》中许慎举出“考”“老”为转注字外，在正文中从未提及，我们初学《说文解字》时可以不必深究。至于假借，因为是以不造字的方式来满足记录语言的需要，所以许慎不可能指明哪一个字是假借，但是许慎指出了一些字的假借用法。许慎用“故为”“故以为”“故借以为”“故因以为”等用语说明假借义与本义存在着引申关系。在《说文·叙》中，许慎说：“假借者，本无其字，依声托事，令长是也。”也是把不给引申义造字仍用原字作为假借。后人讲假借比许慎又前进了一步，不仅讲引申本义的假借，而且讲纯粹借音的假借，而纯粹借音的假借最能体现假借的本质。

东汉《鲜于璜碑》(局部)

《说文解字》解释字音采用两种方式。一种方式是对于形声字都注明“某声”“某亦声”“某省声”，从而形成了一套完整的形声系统。把若干层次的主谐字和被谐字都系联起来，这就是汉字的形声系统。清代有很多人做过这种工作，其中严可均的《说文声类》最完整、系统。朱骏声的《说文通训定声》打破了《说文解字》原有的分部，按照形声系统重新进行了编排。更值得提出的是段玉裁作《六书音韵表》，通过对《说文解字》形声系统的研究，提出了“同声必同部”的理论。比如上述从“工”得声的字，以及从以“工”为声旁的形声字得声的字，都属于一个古韵部——东部（ong)，这个发现非常重要。从此研究古音不仅可以依靠《诗经》《楚辞》等韵文，而且还可以借助于《说文解字》的形声系统。

《说文解字》解释字音的第二种方式

是用读若比拟汉代的音读。许慎在世时还没有发明反切，当时注音使用譬况法，有的用一字拟音，有的用俗语注音，有的用方言注音，有的用成词、成语注音，还有的以义明音。在用譬况法拟音时大多用“读若某”，有时也采用“读与某同”的说法。

许慎著《说文解字》，多处引用孔子曰、韩非子曰、贾侍中（贾逵）说、刘向说、杜林说、扬雄说、司马相如说、谭长说、官溥说、王育说等来说解字形、字义、字音，以做到“博采通人，至于小大，信而有证”（《说文·叙》），对于有些文字形、音、义不清楚的地方，则

许慎著《说文解字》时多处引用孔子、韩非子等人的学说

标明一个“阙”字。

《说文解字》注释有三种特殊格式：一是合释联绵词。对于联绵词,《说文解字》将构成联绵词的那两个字放在一起解释，这说明许慎已经初步有了词的观念。二是“连篆为释”。《说文解字》的正篆是被注释的对象，但是有时候正篆一身二用，既作为被注释字，又作为注释字，要跟注文中的字连读。例如：“离，黄仓庚也”“参，商星也”，要读为“离黄，仓庚也”，“参商，星也”。本来《说文解字》收字每个正篆后附列一个隶书，后来把隶书删去了，又误把与正篆相同的第一个说解字也删去

东汉《鲜于璜碑》(局部)

东汉《鲜于璜碑》(局部)

了，所以才造成这种费解的体例。三是“复句为释”。《说文解字》的释文一般是一个词、一个短语或一句话，但是也有两个词、两个短语的时候，我们把这种体例称为“复句为释”。《说文解字》在流传过程中，有的“复句为释”中间的“也”字被删掉了，使说解变得晦涩难懂，如果补上“也”字，恢复成“复句为释”，释文就显豁了。例如：“寻，绎（也）理也。”（《寸部》）“标，本杪（也）末也。”（《木部》）以上所讲到的后两个问题涉及到校勘。古书在流传过程中，不管是手抄还是刻版，都造成一些讹误。如果我们能够精心地体会《说文》的说解体例，自觉地订正讹误，不但可以大大提高我们的研读水平，而且还可以培养我们严谨的治学精神。

三、《说文解字》与《六书》

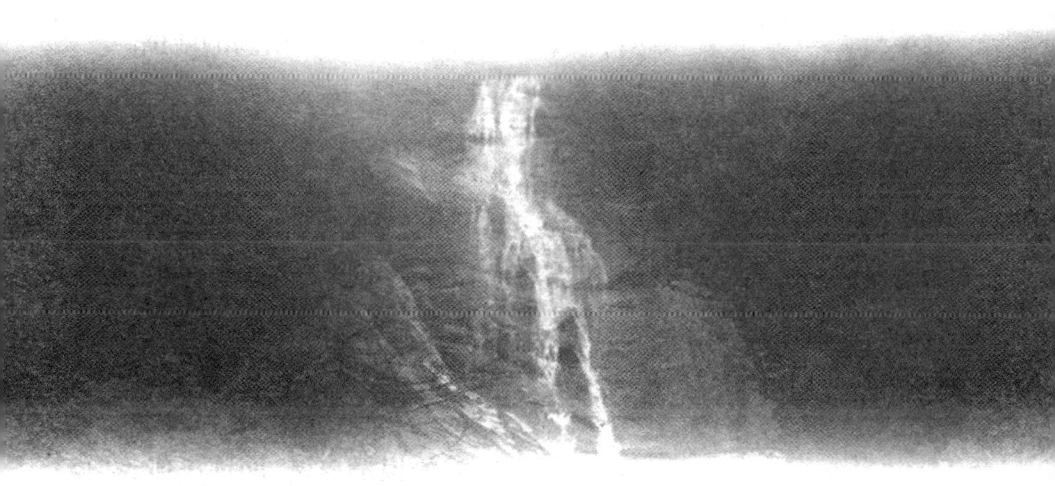

东汉《鲜于璜碑》(局部)

（一）“造字”的两层含义

《说文解字》处在语文学时代，就其起始的目的来说，是为了“正字”，即为了正确地认字和写字。其《后叙》即阐明认字和写字两大问题。不过，由于许慎博学多才，对汉字形体又深思熟虑，全面考察，因而使其成就在客观上突破了原来的目的，以至于引起后来学者浓厚的兴趣，并据此作了进一步的探讨与钻研，把它看成一部文字学的专著。传统文字学称为“小学”，也表明其起点是很低的识字教学，只是由于两汉经学今古文斗争中古文经学家的推崇，“小学”才上升为考证和释读儒家经典的津梁、讲解古代文献的工具，因而有了崇高的地位。

对于“六书”，班固引刘歆称为“造字之本”。所谓“造字”，当有两层含义：一是就汉字的整体系统而言，即把语词转化为文字；二是就汉字的单个形体而言，即单个形体如何体现所记载的语词。许慎所谓的“作书”当指后者，且云:“厥意可得而说”。因此，“六书”是对“著于竹帛”之“书”的说解条例，即许氏所谓“说字解经”的“字例之条”。解读文献的实用目的，也造成了“小学”固有的形、音、义互求的传统方法，其分析对象是秦代规范过的小篆，而汉代学者所说的“六书”就成了传统文字学分析汉字构形的法则。应当指出，许慎《说文解字》对汉字字形的编排已经表现出明显的系统论思想，但是，他对“六书”产生的顺序尚未经过深入的思考，其排列也就自然不着眼于汉字演变的历史事实。因此，我们有必要从系统性和历时性两个层面来思考并加以解释，方能得出正确的结论。

班固所谓“造字”，许慎所谓“作书”，其实质即为语词构造一个书面形体，也就是“汉字构形”。这个过程是一个十分漫长的摸索过程。在这个过程中，起主导作

东汉《鲜于璜碑》(局部)

用的显然是当时人的思维方式。上古时期，人类认知思维的特点必定是重形体、重感知、重体验。在汉字初创时期，其构形思维必然只着眼于词所指称的意义内容上，即用字形直接显示词义，以达到“目治”的目的。但是，作为造字的这种构形方式明显有其局限性，因而古人构形思维的着眼点必然转向词的语音上。汉语是单音成义的词根语（孤立语），音节的有限必然会带来同音字的增多，因而引起表义上的困扰。为摆脱这种困扰，先民造字构形的思维便自然发生逆转，从着眼于词的语音又回复到着眼于词的意义。这

上古时期人类的认知思维重形体、重感知、重体验

一曲折的思维历程，给先民们带来了新的启迪，到最后，在造字构形上，便同时兼顾词的意义和语音两个方面。根据这种造字构形历程的合理推测，“六书”出现的先后顺序大体是：象形——象意（指事、会意）——假借——转注——形声。

（二）专门之学——六书

许慎在《说文解字》中系统地阐述了汉字的造字规律——六书。《说文解字》开创了部首检字的先河，后世的字典大多采用这个方式。对于《说文解字》历代有许多学者研究，尤以清朝时最为兴盛。段

东汉《鲜于璜碑》（局部）

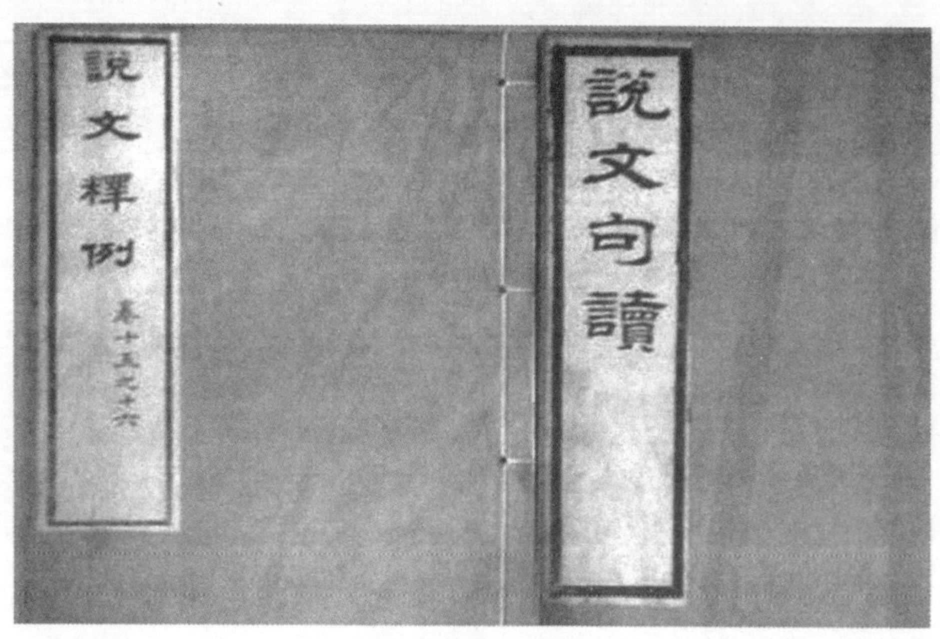

《说文句读》

玉裁的《说文解字注》、朱骏声的《说文通训定声》、桂馥的《说文解字义证》、王筠的《说文释例》《说文句读》尤备推崇，四人也获尊称为“说文四大家”。

许慎在造字法上提出“象形”“指事”“会意”“形声”“转注”“假借”的“六书”学说。并在《说文解字·叙》里对“六书”作了全面的、权威性的解释。从此，“六书”成为专门之学。

1. 象形

象形是指用描摹词所概括的客观实体来表达词义的一种造字方法，用这种方法造的字，一般都是有形可象的指物名词。如“日、月、水、山”等。许慎对此的解释是：“象形者，画成其物，随体诘诎，日月是也。”

象形字的类别根据形体构造方式，可分为两类，即独体象形和合体象形。

象形字有两个特征：一是简约性。象形字“画成其物”不是作画，是创造书写符号，是写词，在摹写客观实体时，只勾勒轮廓，注重字形的简约性。二是典型性，即注重突出客观实体的典型特征，以增强象形字写词表意的区别功能。象形字的局限性：象形的造字方法很难用于表示无形可象的抽象事物。

象形字为指事、会意、形声字的构成奠定了基础。

“水”是典型的象形文字

2. 指事

即用象征性的符号或在图形上加注指示性符号来表示意义的造字方法。如上、下、一、二、三、四、末、亦、本等字。

3. 会意

会意是用两个或两个以上的独体字根据意义之间的关系合成一个字，综合表示这些构字成分合成的意义，这种造字法叫会意。用会意法造出的字是会意字。

会意字的类型有：

（1）异体会意字：由不同的字组成。如“武”，从戈从止。“止”是“趾”的本字，戈下有脚，表示人拿着武器走，有征伐或显

汉字“亦”

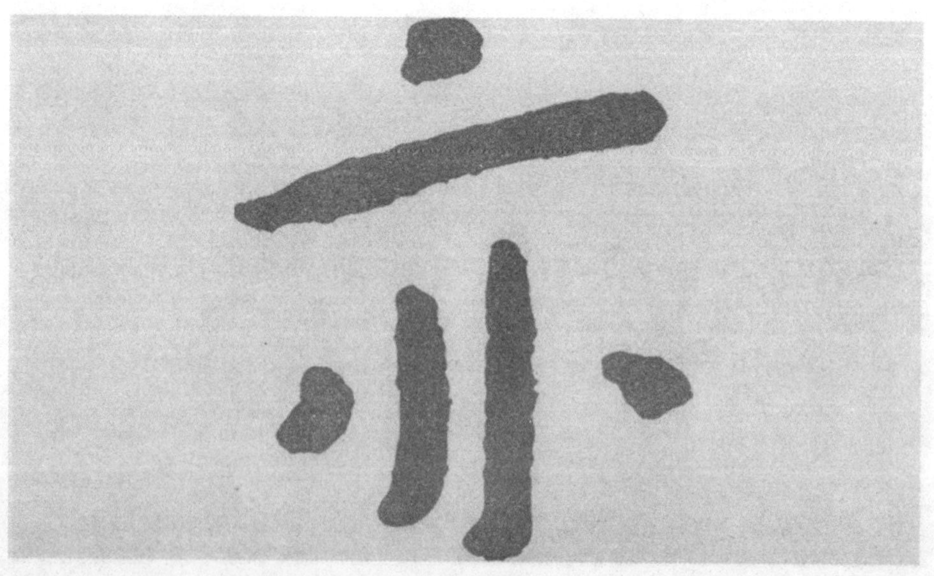

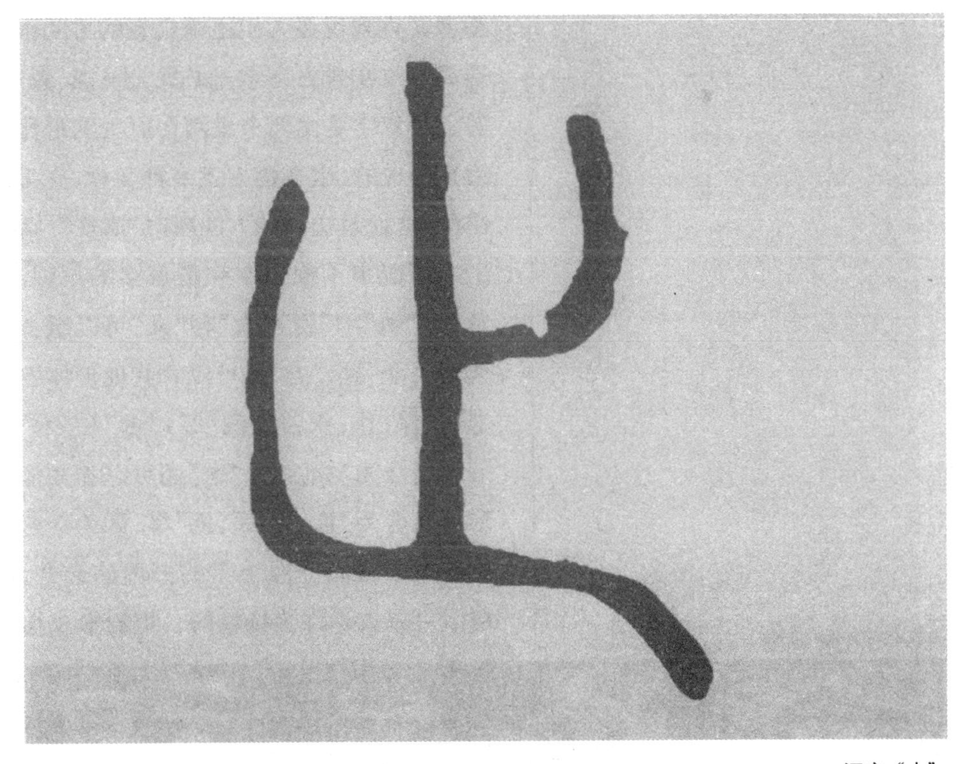

汉字“止”

示武力的意思。

（2）同体会意字：由相同的字组成。如“从”，表示两人前后相随，“比”，表示两人接近并立。

会意字是为了补救象形字和指事字的局限性而创造出来的造字方法。和象形、指事相比，会意法具有明显的优越性：第一，它可以表示很多抽象的意义；第二，它的造字功能强，《说文解字》共收会意字 1167 个，比象形字、指事字多得多。直到现在人们还用会意的方法创造简体汉字或方言字，如“灶、尘、国、孬”等。会意字是由两个或两个以上的形体组合而成的，组合的方式多种多样，交叉错综，这就是会意的方法所以“高产”、会意字的数量所以多于象形字和指事字的原因。拿“人”和“木”说，“人”和“人”可以组合为“从、众”等，“人”还可以和其他形体组合为“保、伐、戍、付、伍”等；“木”和“木”可以组合为“林、森”，“木”还可以和其他形体组合为“析、相、采、困”等。因为会意字是两个或两个以上字的形体的会合，所以可以表示许多抽象的、用象形或指事的方法难以表示的意义，如“休、尘、取、采”等。

东汉《鲜于璜碑》（局部）

4. 形声

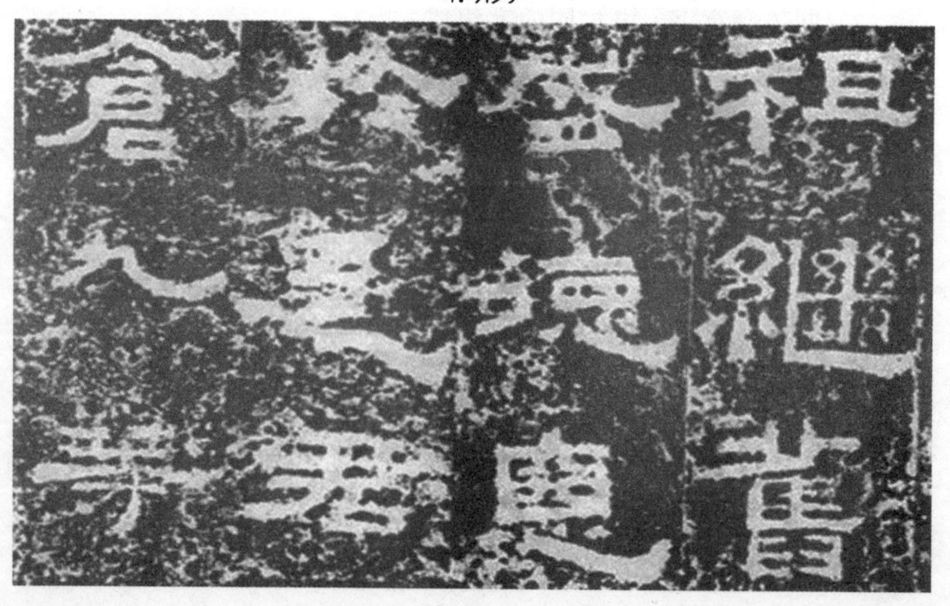

即用义符（形旁）和音符（声旁）组合起来的造字方法。许慎说："形声者，以事为名，取譬相成，江河是也。"

5. 转注

"转注"，许慎的定义是："建类一首，同意相受。"意思是归于同一部类的字，它们的字义可以互为训释。历来各家对转注的解说不一，主要有两种：

（1）形转说，认为"建类一首"指用同类部首作意符，"同意相受"指同类意符的字义连类相承，如"考""老"同属"老"部而又可以互训（"考，老也。""老，考也。"）。

（2）音转说，认为"一首"指词源上同韵或同声的字，如"考""老"同属一韵，"颠""顶"同属一声，即意义相同而声韵也相同或相近的字。

6. 假借

假借为汉字的造字方法之　。用"假借"这种方法所造出来的汉字，称为"假借字"。

古时候，语言中的某个"词"，本来没有给它造字，就依照它的声音"假借"

东汉《鲜于璜碑》（局部）

汉字“久”

一个“同音字”来表达这个“词”的意义。许慎说：“假借者，本无其字，依声托事，令长是也。”例如:“难”原是鸟名，借为“艰难”之难;“长”是长发，借为长久之长;“久”是“从后灸之”，借为“久远”之久，等等。

四、对《说文解字》的正确理解

（一）明确学习《说文解字》的意义

姜亮夫先生在《古文字学》中认为："汉文字的一切规律，全部表现在小篆形体之中，这是自绘画文字进而为甲文金文以后的最后阶段，它总结了汉字发展的全部趋向和全部规律，也体现了汉字结构的全部精神。"可以毫不夸张地说，正是因为有了《说文解字》，后人才得以认识秦汉的小篆，并进而能辨认商代的甲骨文和商周的金文与战国的古文。

在考释古文字的时候，有《说文解字》的正篆或重文可资对照，那么释读起来就确凿可信。如果是《说文解字》中没有的字，哪怕已经认清了古文字的偏旁结构，甚至已

商周代金文

经可以确定它的意义，比如说人名、地名或祭名，但是音读不明，还不能说完全认识了这些字。

如果说，小篆不如甲骨文金文那样更能体现原始的造字意图，这是《说文解字》的劣势的话，那么甲骨文金文缺乏大批有影响力的文献语言做根据，而《说文解字》的字义说解来自古代的经传典籍，这又是《说文解字》的优势。所以，如果要解释古书上的疑难字词或者进行古汉语词汇研究，还要把《说文解字》作为主要依据。

《说文解字》之学是根柢之学，它在文字学、训诂学、音韵学、词典学以及文化史上都占有显著的地位。它与词义的关

甲骨文残片

《说文解字》在中国文化发展史上有着显著的地位

系尤其密切。我们解释古书上的疑难字词之所以离不开《说文解字》,是因为《说文解字》里的训释是词的本义，而本义是词义引申的起点。我们了解了词的本义，就可以根据本义的特点进一步了解引申义以及和本义毫无关系的假借义。我们了解了哪个字是本字，就可以进而确定通假字，并且掌握文字用法的古今之变。

（二）学会综合运用《说文解字》的资料

《说文解字》是一部供人查检的字典，同时也是一部供人通读的有理论有体系的文字学著作。读《说文解字》贵在融会贯通，能够综合运用书中有关形、音、义的各种资料。这主要包括：一是综合利用《说文解字》正篆下的说解及旁见的说解；二是综合利用《说文解字》的被训释字及训释字；三是充分利用《说文解字》的重文、引经的异文以及读者。要做到综合运用，最基础的工作是把散见的形、音、义的资料一一联系起来，互相参见，其中有些资料要集中起来，抄在本篆的书头上。

拿天干地支字来说，《说文解字》受汉代风尚的影响，在解释这些字的专科义时，不接地气。但是在分析合体字涉及到

汉代画像砖

东汉《鲜于璜碑》（局部）

天干地支字的语词义时，有些见解非常精辟。

旁见的说解很宝贵，有的能够纠正本篆下说解的谬误，如上例所述；有的能够对本篆的说解起补充说明的作用。

《说文解字》旁见的说解之所以重要，一是因为《说文解字》有的正篆下解释有误，而旁见的说解非常精辟；二是因为《说文解字》限于体例，在正篆下只能解释字的本义，而旁见的说解可以解释字的语源义、引申义乃至假借义；三是因为造合体字时所用构件的取意不一定是字的本义，所以要另作说解。下面补充一例，说明如何利用《说文解字》旁见说解明假借。

东汉《鲜于璜碑》(局部)

《说文解字》在讲到字的构意时，有时采取比附的方式，讲“某与某同意”。段玉裁说：“凡言某与某同意者，皆谓字形之意有相似者。”(《说文解字注》“工”字下说解）我们在读《说文解字》的时候，要把这些构意相同的一组组字分别联系起来，做到互见，从比较中深入了解这些字的形义关系。

如何综合利用《说文解字》的被训释字及训释字，一般来说，读《说文解字》是要通过训释字来了解被训释字的，但是有时候训释字的词义不好把握，被训释字的词义却很明确。这时我们不妨倒过来，通过被训释字来了解训释字。

《说文解字》中 9353 个正篆都是被训释字，其中很多字还做过训释字。我们如果把这些做训释字的资料都抄录在正篆的书头上，可以互相参照，有利于我们更准确更全面地了解正篆的意义。

研究《说文解字》的训释字很有意义，因为训释字和被训释字之间的音义关系很密切，这里所讲的通过被训释字了解训释字以及综合利用正篆作为被训释字和训释字的材料，只是其中的一个方面。黄侃先生曾将《说文解字》里所有的说解字一个一个地研究过，

东汉《鲜于璜碑》(局部)

东汉《鲜于璜碑》(局部)

《黄侃论学杂著》中所收的《说文说解常用字》就是当时搜集的资料。我们应该借用前贤的方法，注重对《说文解字》训释字的研究。从辩证的观点来看，同一个字可以处于被训释字的地位，也可以处于训释字的地位，并且在多数情况下是处于训释字的地位，那么要全面深刻地了解这个字的意义，当然应该把所有关于这个字的资料都集中运用起来。

《说文解字》有1163个重文，读《说文解字》时千万不能忽视这批资料。《说文解字》中有不少省声、省形字令人怀疑，如果有不省的重文，那么对于字的省声、

夏代甲骨文

省形就无可怀疑了。通过《说文解字》的重文，可以了解到文字向简化、形声化发展的趋势。由此可知，《说文解字》中的重文具有历史性，并不是一成不变的。我们通过重文的分化可以了解到文字的孳乳情况及字用的变化。重文中的古文、籀文对我们识读甲骨文金文，进而纠正正篆的讹误字形及说解极有帮助。

重文中还蕴藏着极为丰富的语音材料。清人钱大昕证明“古无轻唇音”“舌音类隔之说不可信”就大量征引了形声字的异文。形声字由于声旁不同而构成异体字，前人称之为声母互换，训诂家通过声母互换的事实来找出音义联系的线索，找出造字时的通借字。

《说文解字》引经典1083条作为书证，对于这些材料也应该注意综合运用。一方面要注意对《说文》所引经文的异文进行比较，另一方面要注意对《说文解字》所引经文与现今经典文本的比较。由此看来，通过《说文解字》引经的异文可以明通假，这对于了解字义、正确地释读古籍大有帮助。

如何利用《说文解字》的“读若”，《说文解字》用“读若”的办法为800多个字注音，其中只有四分之一左右的“读若”专拟

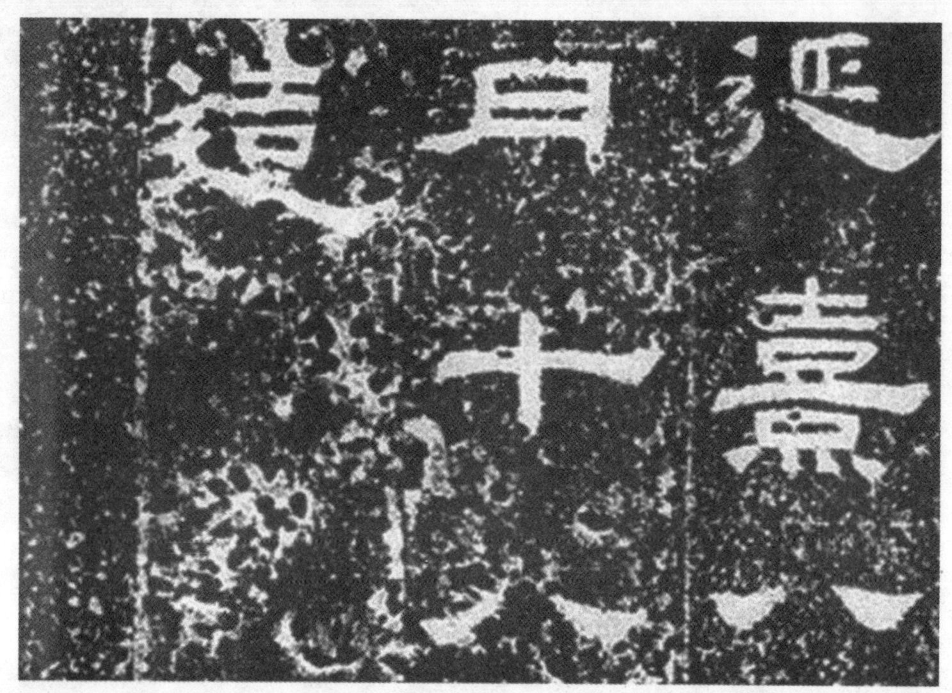

东汉《鲜于璜碑》(局部)

音读,其他四分之三左右的“读若”不仅注音,而且还连带解释了古代典籍中文字的训诂问题。我们在读《说文解字》时应该从四个方面去注意领会“读若”中蕴含着的文字训诂材料。所以这一类“读若”标明了通行的异体字。《说文解字》的这一类“读若”标明了通行的后出字。标明了它们之间存在的同源通用的关系。《说文解字》用“读若”的办法标明了典籍中通行的通假字。这种情况在“读若”中所占比重很大。如果我们能够熟练地掌握这种通假用法,对我们阅读古籍会有很大帮助。

《说文解字·注》

（三）注意吸收前人的研究成果

初读《说文解字》，要借助一本好的注释。大徐本和小徐本的《说文解字》只有简单的校语或案语，对于初学者理解原著裨益不大。清人的注释当首推段玉裁的《说文解字·注》。当年黄侃先生指导他的弟子学习《说文解字》就是从点读段注开始的。点读完第一遍以后，还要换一套书点读第二遍。陆宗达先生指导他的研究生学习《说文解字》，仍然遵循这个传统，一入学首先用两个月的时间点读一遍段注，完成之后，再用一个月时间点读第二遍，两遍段注通读之后，才开始进一步学

东汉《鲜于璜碑》(局部)

习《说文解字》。《说文解字》博大精深、体例繁富、文字简古。段玉裁的《说文解字·注》是指导学习《说文解字》最好的教材。

读段注要注意以下几个问题。要注意的第一个问题是，看段玉裁如何校订《说文解字》传本的讹误。段氏非常擅长校书，他一方面以大小徐本《说文解字》作为底本，参阅众多古籍，对《说文解字》进行严格的校勘；另一方面又根据《说文解字》通例，以他书证本书，决定今本的是非。尽管段玉裁的校勘也有过于自信、近于武断的地方，但是总的来说，他订正了《说文解字》传本的许多讹误，对于我们正确地理解原文有很大帮助。

读段注要注意的第二个问题是，看段玉

东汉《鲜于璜碑》（局部）

东汉《西岳华山庙碑》

裁如何阐发《说文解字》的体例。古人著书不明言凡例，但是实际上有统一的体例。段氏对于许慎著书的种种条例及写作的旨意，融会贯通，所以能够在注释中发凡起例，详加阐述。诸如此类有关《说文解字》体例的说明在段注中总计有五六十处之多，对我们阅读《说文解字》有极大的启发和指导作用。

读段注要注意的第三个问题是，看段玉裁如何把《说文解字》的注释和群书的训诂贯串起来，互相阐发。《说文解字》的训释大都是根据经籍训诂而来的。书中原有例证1083条，段玉裁补充了大量的例证来推求《说

东汉《鲜于璜碑》（局部）

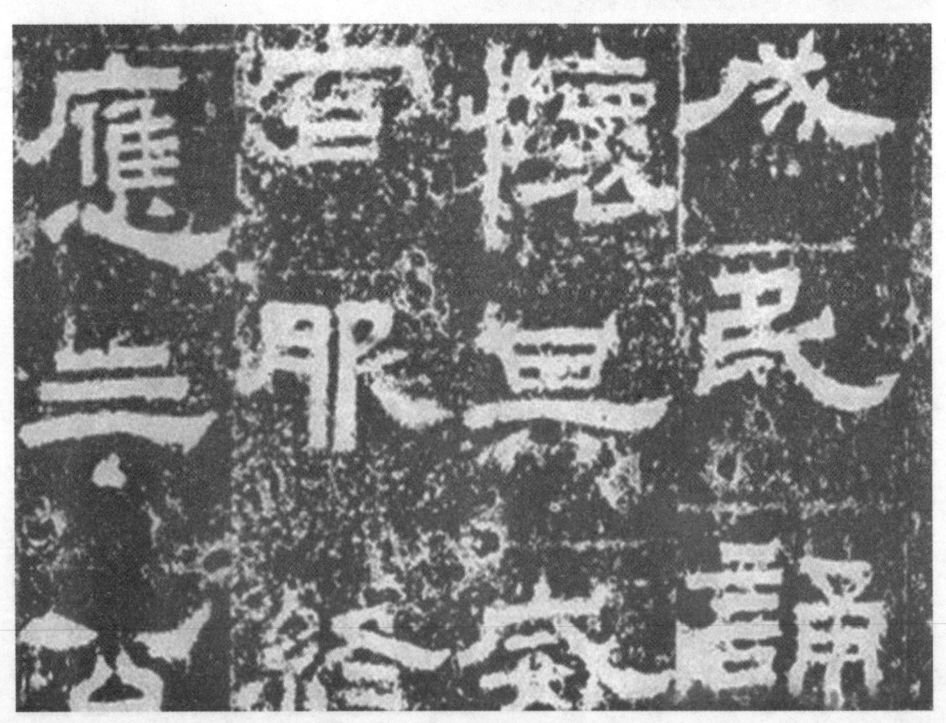

东汉《鲜于璜碑》（局部）

东汉隶书《白石山碑》

文解字》的根据。段注引用的材料极广，自先秦到唐宋，几乎所有重要的古书都涉猎到了。这种“以字考经，以经考字”的训诂方法，能够使《说文解字》的注释和群书的训诂相得益彰，不仅有助于我们理解《说文解字》，而且有助于提高我们阅读古汉语的水平。

读段注要注意的第四个问题是，看段玉裁如何疏通字义。这主要包括以下 10 方面的内容：一是指出本义，二是指出引申义，三是指出假借义，四是指出古今义的不同，五是辨析同义词，六是指出俗语词和方言词，七是辨析名物词，八是指出同源词，九是辨析词素义，十是指出用字的古今之变。

段玉裁对《说文解字》的注释几乎涉及了所有自先秦到唐宋的重要古书

段玉裁精通古音

读段注要注意的第五个问题是，看段玉裁如何注明每个字在上古的韵部。段氏精通古音，他吸收了顾炎武、江慎修等人研究古音学的成果，分古韵为17部，著《六书音韵表》。段玉裁说："考周秦有韵之文，某声必在某部，至啧而不可乱，故视其偏旁以何字为声，而知其音在某部，易简而天下之理得也。许叔重作《说文解字》时未有反语，但云某声某声，即以为韵书可也。"（《六书音韵表》二）我们对于字的古韵分部，不必一个一个地死记，只需要根据段氏提出的"谐声者必同部"的理论，

章太炎像

记住声符字的归部就可以了，这个办法可以说是执简驭繁。

但段注也有一些缺点，如校勘过于自信，有时在证据不足的情况下擅改《说文》；拘泥于本字，把《说文解字》的说解用字都改为本字；由于受材料所限，有时偏袒《说文解字》的错误。但是总体来说，瑕不掩瑜，在《说文解字》的所有注释当中，段注被推为众家之冠。王念孙曾在《说文解字注·序》中推许段注，认为自许慎之后，“千七百年无此作矣”。《说文解字》名家章太炎、黄侃也非常推崇段注。陆宗达先生尊师从教，一生中通读段注达9次之多（据陆先生面述）。

学习《说文》除了要借助于段注外，还要注意吸收其他诸家的研究成果。与《说文解字注》同列为《说文解字》四大家的，还有桂馥的《说文解字义证》、王筠的《说文句读》《说文释例》、朱骏声的《说文通训定声》。桂馥的《说文解字义证》的最大优点是材料丰富，经史子集无所不包，我们可以从中翻检到古书中的例证。王筠的《说文句读》是作为初学者的普及读物来写作的，书中删繁举要地采用了段玉裁和桂馥两家的注释，又加上自己的心得。王筠研究《说文解字》的主要成果反映在《说文释例》中。这部书对于了解《说文解字》的体例、研究词义具有较高的参考

东汉《鲜于璜碑》(局部)

价值。严格地说，朱骏声的《说文通训定声》并不是注释《说文解字》的著作，其写作的旨意在于阐述作者关于文字、音韵、训诂的观点。所谓“说文”，是疏证订义，从字形来说，是讲象形、指事、会意、形声。所谓“通训”，讲的是转注、假借。朱骏声把引申作为转注，将定义改为“转注者，体不改造，引意相受，令长是也”。把通假作为假借，将定义改为“假借者，本无其意，依声托字，朋来是也”。所谓“定声”，指的是把文字按古韵分类，打乱540部，综合形声体系，共得1137个声符，归纳成为古韵18部。18部

东汉《鲜于璜碑》（局部）

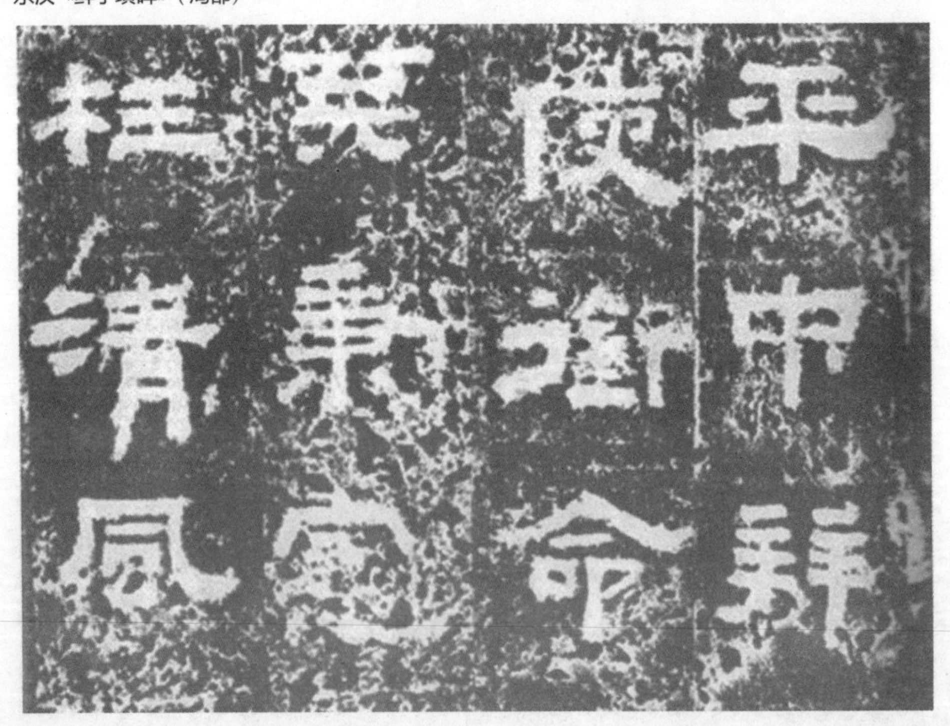

的名称取自《周易》的卦名。这部书打破了《说文解字》专讲本义的模式，不仅解说文字的形体，而且通释字词的义训，阐述词义的系统，确定每个字在古音系统中的声韵地位，是一部独具特色的好书。

其他有关《说文解字》的著作还有很多。如专门分析《说文解字》形声字声旁系统的著作，有姚文田的《说文声系》；专门研究《说文解字》收字的著作，有郑珍的《说文逸字》；专门研究《说文解字》各种版本差异的著作，有沈涛的《说文古本考》，等等。集《说文解字》注释及研

《周易》

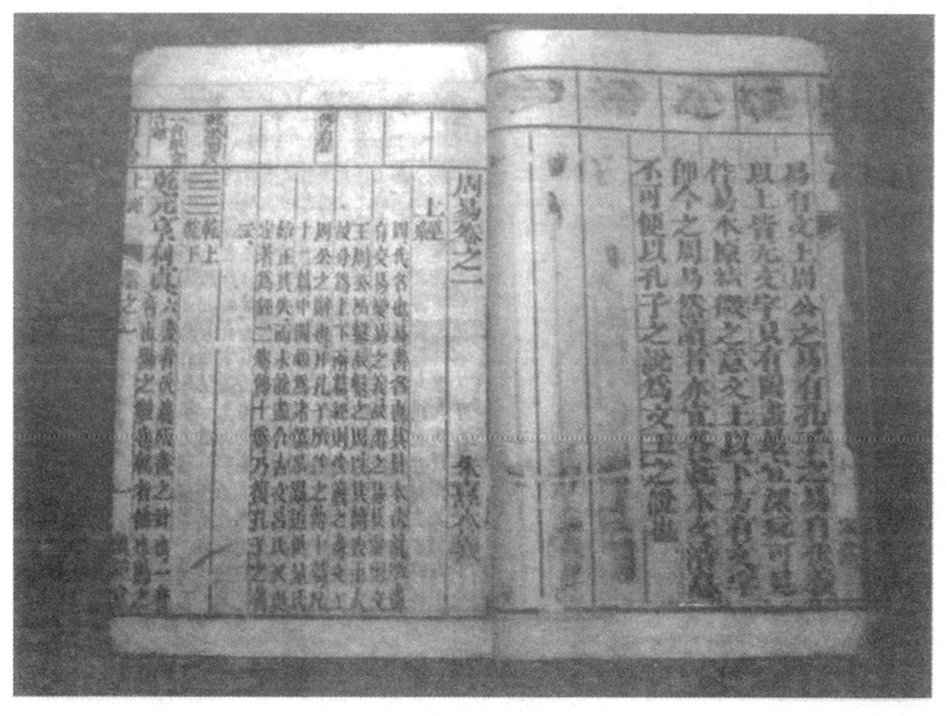

《说文解字诂林》

究成果之大成的，是近人丁福保于20世纪20年代末30年代初编纂的《说文解字诂林》及《诂林补遗》。《说文解字》的最新注本，是张舜徽先生于1981年出版的《说文解字约注》。这部书综合了前人的研究成果，运用了不少甲骨文金文等古文字资料，对《说文解字》学有新的开拓。

《说文解字》学与古文字学的关系非常密切，二者互相补充，相得益彰。古文字学需要借助《说文解字》来考释出土的古文字。学习研究《说文解字》的人需要借助古文字学的研究成果来印正和纠正《说文解字》。陆宗达先生在指导他的研究生学习《说文解字》的时候非常重视引导学生自学古文字。

《古文字类编》

他让学生多准备几部大徐本《说文解字》，其中有一部专门用来比较甲骨文、金文和小篆的字形。研究生们根据《古文字类编》（高明编，中华书局 1980 年出版）、《汉语古文字字形表》（徐中舒主编，四川辞书出版社 1981 年出版），及《甲骨文编》《金文编》等古文字工具书，把已有定论的甲骨文、金文摹写在相应的小篆的书头或行间。如果对甲骨文金文的构形有疑问，再去查阅《甲骨文字集释》（李孝定编述）和《金文诂林补》（周法高主编）。这样做，既借助《说文》学习了甲骨文金文，又借助甲骨文金文促进了对《说文解字》的深入了解，可以说是一箭双雕。

东汉仙人骑马神兽镜

由于字形讹变或思想认识的局限，《说文解字》对相当一部分字的字形分析有错误，比如说省声字，段玉裁曾指出：“许书言省声多有可疑者，取一偏旁，不载全字，指为某字之省。”（《说文解字注》“哭”字下说解）

《甲骨文字集释》

利用甲骨文金文纠正《说文解字》是一方面，另一方面还可以印证《说文解字》，从而加深我们对小篆字系的了解。

用出土的古文字材料纠正、印正《说文解字》的字形只是利用古文字材料的一个方面。另外还可以用卜辞、铭文以及其他出土的古文字材料为《说文解字》补充例证。

近几十年来，古文字学有了长足的进步，地下出土文物屡屡发现，往往为古文字学提供了新的材料和新的考释对象，这一切对《说文解字》学的发展都具有直接或间接的推动作用。所以我们学习《说文解字》时，要把眼光放得更开阔些，既不鄙薄《说文解字》，又不固守《说文解字》，要勇于并善于吸取古文字学的成果，来丰富和发展《说文解字》学。

李斯《泰山石刻》

（一）《说文解字》的创造性

1. 建立部首是许慎的重大创造之一。汉字是凭借形体来表示意义的，因此，对汉字义符加以分析，把所有汉字都按所属义符加以归类，这是汉字学家的工作，这项工作，

五、《说文解字》的创造性及价值

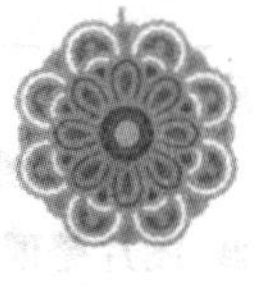

东汉《鲜于璜碑》(局部)

由许慎最先完成了。

《说文解字》将汉字分为540部，除了个别部首还可以合并与调整外，从总体上说都是合理的，都符合造字意图。许慎在安排540部的次序上煞费苦心，把形体相近或相似的排在一起，这等于把540部又分成若干大类，这可以帮助读者更深刻地理解义符，更正确地理解字义。每部所属的字的排列也不是杂乱无章的，而是依据以类相从的原则。具体说来有三种情况：其一，词义相近的字排在一起；其二，词义属于积极的排在前边，属于消极的排在后边；其三，专有名词排在前边，普通名词排在后边。

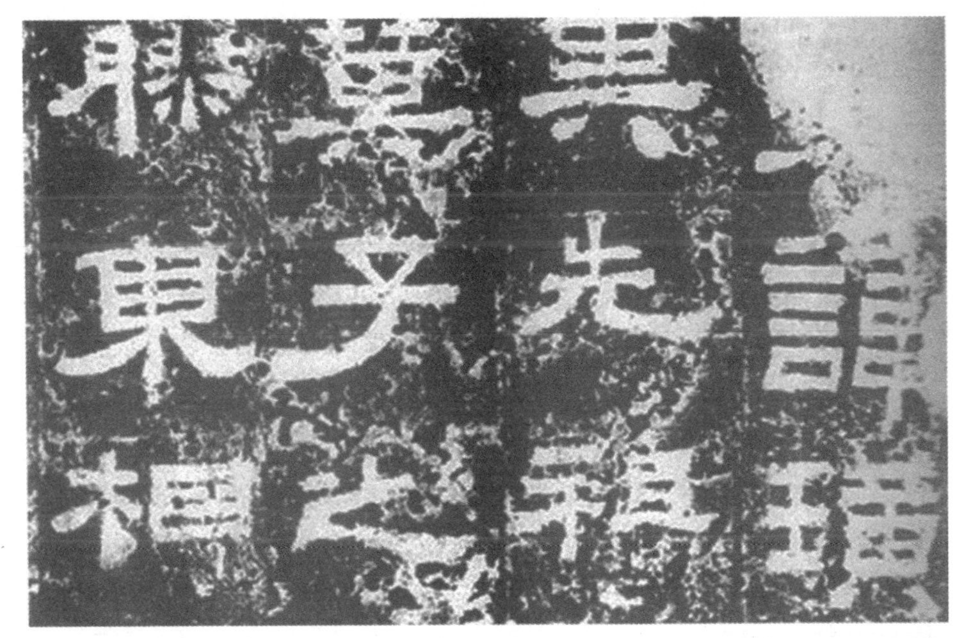

东汉《鲜于璜碑》（局部）

许慎创造的540部首和一部之中各个字的排列方法，都是从文字学角度出发的，这种排列方法更能体现部首与部首、字与字之间的意义联系，这与后世从检字法角度分部和按笔画多少分类迥然不同。

2．训释本义。许慎之前的经学家为经典作注，都是随文而释，所注释的字（词）义，基本上是这个字在一定语言环境中的具体意义和灵活意义。许慎在《说文解字》中紧紧抓住字的本义，并且只讲本义（由于历史的局限，个别字的本义讲得不对），这无疑等于抓住了词义的核心问题，因为一切引申义、比喻义等都是以本义为出发点的，掌握了本义，就能够以简驭繁，可以推知引申意义，从而解决一系列有关词义的问题。

此外，许慎在训释本义时，常常增加描写和叙述的语言，使读者加深对本义的理解，扩大读者的知识面，从而丰富本义的内涵和外延。

3. 对汉字形、音、义三方面的分析。许慎在每个字下，首先训释词义，然后对字形构造进行分析，如果是形声字，在分析字形时就指示了读音，如果是非形声字，则常常用“读若”“读与某同”等方式指示读音。

由于历史的局限，许慎在《说文解字》中对个别字的解释有失偏差

汉字是属于表义系统文字，是由最初的图画文字演变而来的，这样通过字形分析来确定、证实字义完全符合汉民族语言文字的一般规律。而语音是语言的物质外壳，文字不过是记录语言的符号，许慎深知“音义相依”“义傅于音”的原则，所以在《说文解字》中非常重视音义关系，常常以声音为线索来说明字义的由来，这为后世训诂学者提供了因声求义的原则。

4. 以六书分析汉字。在许慎之前，有仓颉依据六书造字的传说。现代文字学家认为，六书是对汉字造字规律的总结，

图画文字

而不是汉字产生之前的造字模式。在许慎之前，仅有六书的名称：象形、指事、会意、形声、转注、假借，没有具体阐述，更没有用来大量地分析汉字。而许慎发展了六书理论，明确地为六书下了定义，并把六书用于实践，逐一分析《说文解字》所收录的9353个汉字，这在汉字发展史和研究史上有着承前启后、继往开来的重要意义，从而确立了汉字研究的民族风格、民族特色。

《说文解字》问世以后，研究者蜂起。清代是《说文解字》研究的高峰时期。清代研究《说文解字》的学者不下200人，其

东汉《鲜于璜碑》(局部)

东汉《鲜于璜碑》(局部)

中称得上专家的有数十人之多。清代《说文解字》之学，可分为四类：其一，是校勘和考证工作，如严可均的《说文校议》、钱坫的《说文解字斠诠》等;其二，对《说文解字》进行匡正，如孔广居的《说文疑疑》、俞樾的《儿笘录》等；其三，对《说文解字》进行全面研究，如段玉裁的《说文解字注》、桂馥的《说文解字义证》、朱骏声的《说文通训定声》、王筠的《说文句读》；其四，订补前人或同时代学者关于《说文解字》研究的著作，如严章福的《说文校议议》、王绍兰的《说文段注订补》等。其中第三种最为重要，段玉裁、桂馥、

《说文解字》问世以后，很快就引起了学术界的重视

朱骏声、王筠被誉为清代《说文解字》四大家。四人之中，尤以段玉裁、朱骏声最为突出。

《说文解字》问世以后，很快就引起了当时学者的重视，并且在注释经典时常常引证《说文解字》。到了南北朝时代，学者们对《说文解字》已经有了比较完整、系统的认识。唐代科举考试规定要考《说文解字》。自唐代以后，一切字书、韵书及注释书中的字义训诂都依据《说文解字》。

（二）《说文解字》的价值

1. 在中国语言学史上的地位

《说文解字》是一部文字学方面的著作。关于《说文解字》的内容、体例以及它在文字学史上的价值，一般文字学方面的著作都已谈到，因此我们这里仅仅从语言学史的角度去阐述它的地位和价值。

首先，《说文解字》的出现，标志着我国文字学的正式建立，因此，《说文解字》是文字学上开创性的著作，具有创学科的意义。在《说文解字》以前，也曾出现过一些文字学方面的著作，如《史籀篇》《仓

《说文解字》的问世标志着中国文字学的建立

《说文解字》反映了古代社会的历史、文化特征

秦始皇一统天下后，曾令人著《仓颉篇》

秦始皇陵兵马俑

颉篇》《爰历篇》《博学篇》《说文解字·叙》说：春秋战国时期，“言语异声，文字异形，秦始皇帝初兼天下，丞相李斯乃奏同之，罢其不与秦文合者。斯作《仓颉篇》，中车府令赵高作《爰历篇》，太史令胡毋敬作《博学篇》，皆取史籀大篆，或颇省改，所谓小篆者也”。西汉时，将这三部字书合称《三苍》，也统称《仓颉篇》。

见于《汉书·艺文志》的字书还有下面四部：《凡将篇》，司马相如作；《急就篇》，史游作；《元尚篇》，李长作；《训纂篇》，扬雄作。以上八部字书，只有《急就篇》流传至今。这些字书，与其说是字典之类的书籍，还不如说是学童的识字课本，它们只是为《说文解字》的撰写提供了一些文字材料，因此，只有《说文解字》才算得上是我国第一部完整的、内容丰富而自成体系的字典。

《说文解字》是我国文字学、字典学的起点，许慎是我国文字学的创始人。在《说文解字》的直接影响下，曹魏张揖有《古今字诂》、晋吕忱作《字林》、南朝梁顾野王撰《玉篇》、宋司马光等人编《类篇》，其部首体例与《说文解字》相似。明梅膺祚的《字汇》、张自烈的《正字通》、清代的《康熙字典》，仍然采用《说文解字》的部首体例，只是有所归并和省减而已。南唐徐锴撰《说文解字

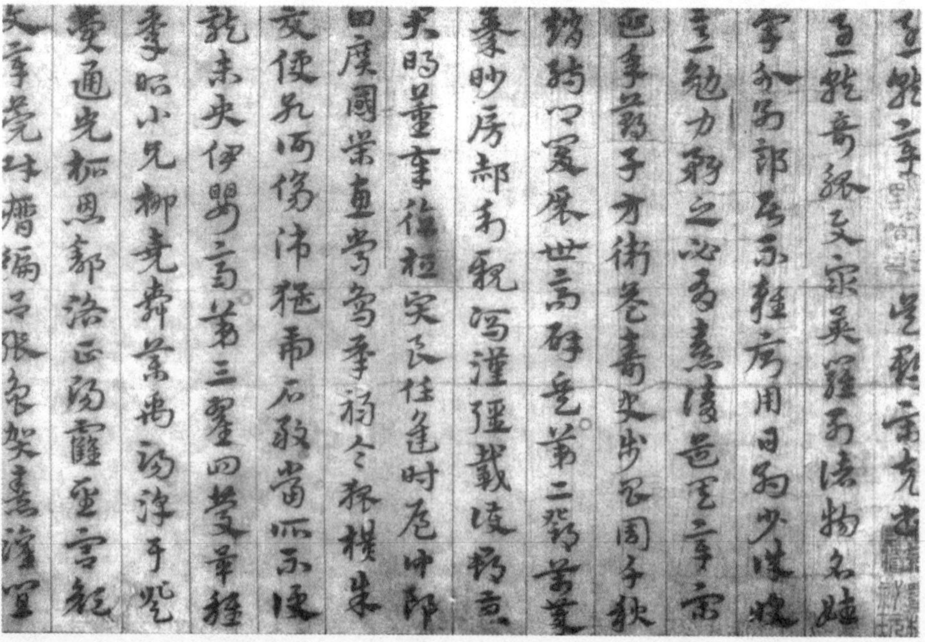

《急救篇》

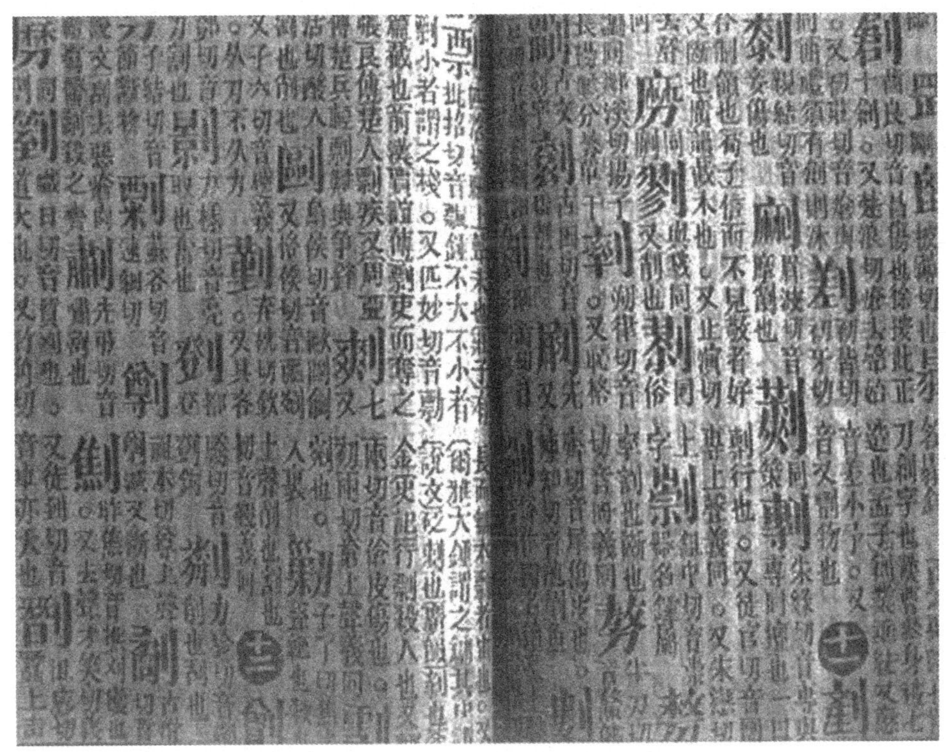

《文成字汇》

系传》，是一部研究《说文解字》的著作。

清代是《说文解字》研究的鼎盛时期，出现了段玉裁、桂馥、王筠、朱骏声四大家，自“乾嘉以来，关于《说文》之著作品，不下二三百种之多”（《说文诂林评语》引于右任语），形成了专门研究《说文解字》的一门学科——《说文解字》学。

2.《说文解字》在训诂学和词汇学上也有重要的价值

由于《说文解字》分析每一个字的形

东汉《鲜于璜碑》（局部）

《说文解字》展示了当时的历史风貌

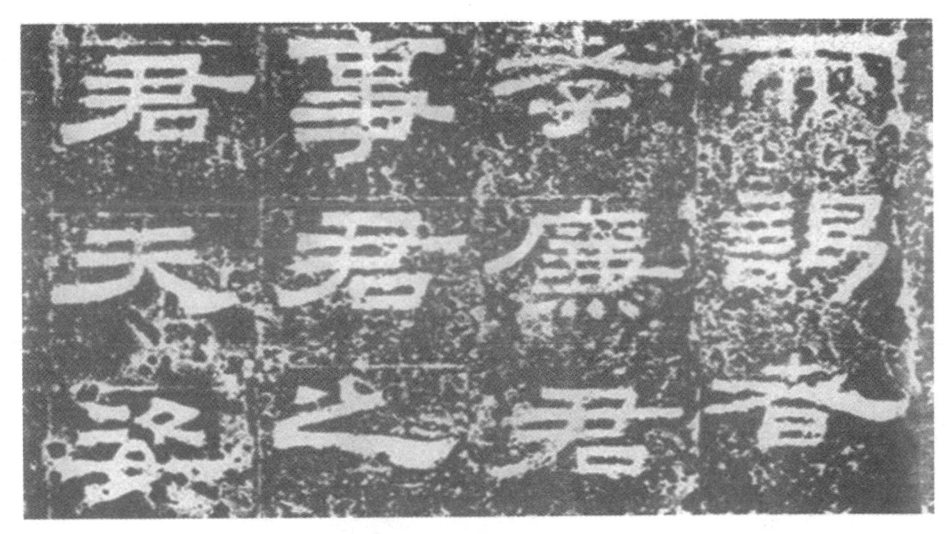

东汉《鲜于璜碑》(局部)

体结构，这就使我们可以透过文字形体来考察字的本义，即造字时文字所代表的词的意义。颜之推说："大抵服其书，隐括有条例，剖析穷根源，郑玄注书往往引以为证。若不信其说，则冥冥不知一点一画，有何意焉。"(《颜氏家训 · 书证》)尤其对于那些本义早已隐晦的字，通过《说文》，可以使我们清楚地理解它们。例如："自，鼻也，象鼻形。"在古代典籍中找不到这一意义的例证，但在卜辞中有这一意义。"而，须也，象形。《周礼》'作其鳞之而'。""而"的本义在古书中极少使用，一般用的是假借义。

对于古书中比较常用的字，我们也可以通过《说文解字》的解释而知道其本

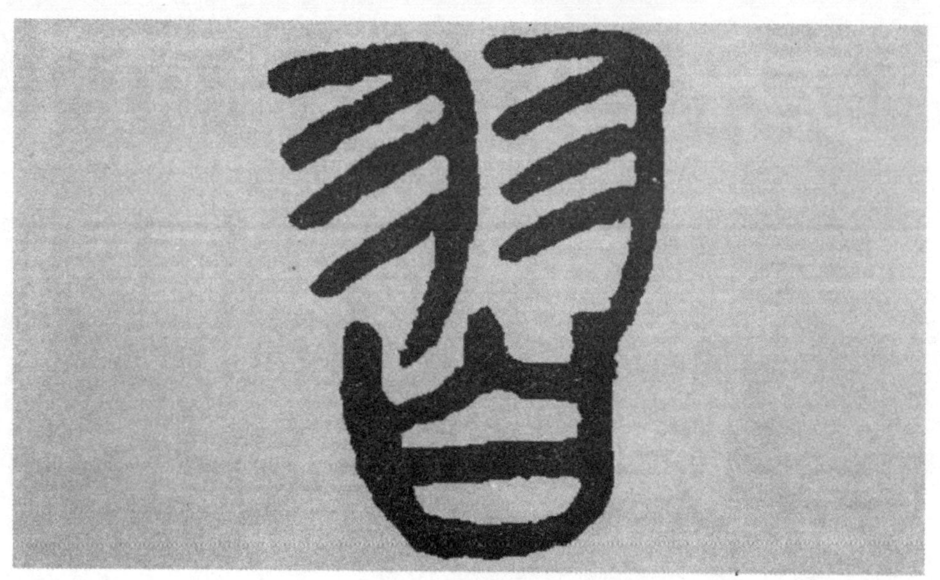

汉字“习”

义，然后通过本义了解引申义。这是以简驭繁、彻底掌握词义的一个重要方法。例如：向，北出牖也，从宀从口。《诗》曰：“塞向户。”“习，数飞也，从羽白（自）声”。从“向”的“北出牖”这一本义出发，便可以得到“朝向，对着”“方向，趋向”“归向，敬仰”“接近”这四个由本义引申出来的意义（据《辞源》，下同）。从“习”的“数飞”这一本义出发，可以很容易地掌握“复习，练习”，“学习”“通晓，熟悉”“惯常，习惯”“亲幸的人”“重叠”“因，相因”等七个引申意义。由此可见《说文解字》在训诂学和词汇学上所具有的重要意义。

3. 我国优秀的文化遗产

《说文解字》是我国文化史上一朵瑰丽的花朵

《说文解字》对于我们了解历史知识和古代文化有很大的作用

《说文解字》是我国第一部以六书理论系统分析字形、解释字义的字典，它保存了大部分先秦字体以及汉代和汉代以前的不少文字训诂，反映了上古汉语词汇的面貌，比较系统地提出分析文字的理论，是我国语文学史上第一部分析字形、解说字义、辨识声读的字典，也是1800年来唯一研究汉字的经典著作，是我们今天研究古文学和古汉语必不可少的材料。

《说文解字》不仅在体例上和过去的关于启蒙识字的字书不同，即在所收字数上，也比这些字书都多，如汉初把《仓颉》《爰历》《博学》三书合编为《仓颉篇》，共3300字。

《说文解字》在训诂学和词汇学上具有重要的意义

西汉末，扬雄的《训纂篇》共 5340 字，东汉贾鲂的《滂喜篇》共 7380 字。《说文解字》共收 9353 字，重文 1163 字，共 10506 字，比《谤喜篇》还多了 1973 字。不论是《尔雅》对于汉字的训诂、《方言》对于汉语方言的研究，或《释名》的音训，《切韵》《广韵》的声韵，无一不在《说文解字》的范围之内。

《说文解字》总结了先秦两汉文学的成果，给我们保存了汉字的形、音、义，是研究甲骨文、金文和古音、训诂不可或缺的桥梁。特别是《说文解字》对字义的解释一般保存了最古的含义，对理解古书

《说文解字》中还有关于古方言的研究成果

《说文解字》是了解中国古方言的参考书籍

上的词义有很大帮助。书中关于秦汉时期全国各地方言的介绍，使其成了一本了解中国古方言的参考书籍。

《说文解字》保存了研究古代社会历史、文化等各方面的材料，是整理我国优秀文化遗产的重要阶梯。《说文解字》包括各种含义的字的解释，反映了古代的政治、经济、文化、风俗习惯等等。如“车，舆轮之总名，夏后时奚仲所造”。根据《说文》的说解，可以肯定在夏代已有“车”这种交通工具。又如“姓”字从“女”和诸如“姜”“姬”“姚”等一系列从“女”旁的姓，可以窥测到古代母系社会的痕迹。由此可见，《说文解字》

《说文解字》是我们了解古代文字的一个窗口

《说文解字》反映了古代的政治、经济、文化和风俗习惯

《说文解字》一书在中国文字史上有着举足轻重的地位

反映了古代的一些历史情况和各种知识，有助于我们博古通今。